ALEXANDRA REINWARTH

GLÜCK
— IN 60 SEKUNDEN ERKLÄRT —

ALEXANDRA REINWARTH

GLÜCK

in **60 SEKUNDEN** erklärt

riva

Bibliografische Information der Deutschen Nationalbibliothek:
Die Deutsche Nationalbibliothek verzeichnet diese Publikation in der Deutschen Nationalbibliografie. Detaillierte bibliografische Daten sind im Internet über http://d-nb.de abrufbar.

Für Fragen und Anregungen:
info@rivaverlag.de

Originalausgabe

1. Auflage 2016

© 2016 by riva Verlag, ein Imprint der Münchner Verlagsgruppe GmbH,
Nymphenburger Straße 86
D-80636 München
Tel.: 089 651285-0
Fax: 089 652096

Alle Rechte, insbesondere das Recht der Vervielfältigung und Verbreitung sowie der Übersetzung, vorbehalten. Kein Teil des Werkes darf in irgendeiner Form (durch Fotokopie, Mikrofilm oder ein anderes Verfahren) ohne schriftliche Genehmigung des Verlages reproduziert oder unter Verwendung elektronischer Systeme gespeichert, verarbeitet, vervielfältigt oder verbreitet werden.

Redaktion: Birgit Walter
Umschlaggestaltung: Melanie Melzer
Umschlagabbildung: Shutterstock
Bildbearbeitung: Pamela Machleidt
Satz: inpunkt[w]o, Haiger
Druck: Graspo CZ, Tschechische Republik
Printed in the EU

ISBN Print 978-3-86883-831-2
ISBN E-Book (PDF) 978-3-95971-134-0
ISBN E-Book (EPUB, Mobi) 978-3-95971-135-7

Weitere Informationen zum Verlag finden Sie unter

www.rivaverlag.de

Beachten Sie auch unsere weiteren Verlage unter
www.muenchner-verlagsgruppe.de

INHALT

DAS GLÜCK IM KÖRPER 7

Glück braucht den Körper 7
Die Sache mit dem Lächeln 9
Die Hirnseite ist wichtig 11
Das Glück der dänischen Gene 12
Dem Hirn ist es egal, ob du glücklich bist 13
Glück ist erblich – Die Zwillinge von Lykken 15
Das Ererbte ist veränderbar 16
The Shamatha Project 18
Das Glück im Blut 21

PHILOSOPHIEN DES GLÜCKS 23

Die Klassiker 23
Die Bedürfnislosen 26
Die Ungläubigen 28
Die Stoiker 30
Die Gläubigen 32
Die Humanisten der Renaissance 33
Philosophie der Neuzeit (Rationalismus, Empirismus, Aufklärung) 35
Der Pessimist und der Optimist 37
Glück im Buddhismus 38

DIE PSYCHOLOGIE DES GLÜCKS 41

Die Relativität des Glücks 41
Die Gefühl-als-Information-Theorie 43
Glück in der Psychoanalyse 45
Glück im Flow 47

Der Ziel-Erreichtes-Ansatz von Thomsen	48
Glück in Gott	50
Positive Psychologie	52
Steven Reiss' Lebensmotive	54
Glück in der Liebe	57

GLÜCK UND GESELLSCHAFT 60

Das Easterlin-Paradox	60
Glück statt Wirtschaftswachstum	62
Sind Asiaten weniger glücklich?	64
WHR – Das Glück international	66
Das Glück der Gleichheit	68
Das Tal des Glücks	69
Glück in Deutschland	71
Glück ist direktdemokratisch	73
Kinder und Glück	74

GLÜCK IST LERNBAR 76

Pawlows Hunde	76
Gewohnheiten verankern	78
Ärger loslassen	79
Achtsamkeit	81
Die Bindung macht's	82
Älter werden	84
Selbstwirksamkeitserwartung	86
Bewegung	88
Gnothi seauton	89

NACHWORT 92

QUELLENVERZEICHNIS 93

DAS GLÜCK IM KÖRPER

Glück braucht den Körper

Wer gerade Glück empfindet, dessen Herz schlägt schneller – etwa drei bis fünf Mal pro Minute. Die verbesserte Durchblutung lässt die Temperatur der Haut ein wenig steigen, sie wird feuchter und ihre elektrische Leitfähigkeit (der Hautwiderstand) sinkt. Die Muskeln der Gliedmaßen entspannen sich und die Hormone im Körper verändern sich. Das alles passiert, ohne dass der Glückliche darauf Einfluss nimmt. Während sich der Augenbrauenmuskel entspannt, legen Jochbein- und Augenringmuskel an Spannung zu: Es entsteht ein Lächeln.

Glück kann erst eintreten, wenn das Gehirn übermittelt bekommt, dass sich diese körperlichen Anzeichen eingestellt haben. Die Reaktionen des Körpers sind wie ein vorauseilender Schatten vor dem Gefühl. Verantwortlich für die körperlichen Veränderungen und das Eintreten des

Glücksgefühls ist das unwillkürliche Nervensystem, das die lebenswichtigen Vorgänge in unserem Körper regelt, auf die wir keinen direkten Einfluss haben: die Durchblutung, die Steuerung unserer Organe und das Aufstellen der Härchen auf unserem Arm, wenn uns jemand eine rührende Geschichte erzählt. Deswegen ist es so schwierig, Glück vorzuspielen oder einfach zu beschließen, ab sofort glücklich zu sein. Da wir das Gefühl nicht selbst steuern können, bleibt uns nichts anderes übrig, als uns erfreuliche Situationen zu schaffen und die Dinge zu tun, die die erforderlichen körperlichen Reaktionen hervorrufen. Das kann eine bestimmte Tätigkeit sein, aber auch das Wachrufen einer Erinnerung oder eine Veränderung unserer Gedanken. Verliert ein Teil des Körpers, zum Beispiel durch einen Unfall, seine Funktionstüchtigkeit, kann das Gehirn die nötigen Impulse aus der Erinnerung abrufen und dadurch die Gefühlswelt eines Menschen erhalten.

Zu unterscheiden ist zwischen Emotion und Gefühl, wobei davon ausgegangen wird, dass die Emotion die unbewusste Reaktion des Körpers ist, also alles, was durch das unwillkürliche Nervensystem verursacht wird. Ein Gefühl wird diese Emotion erst, wenn wir uns ihrer bewusst werden.

Die Sache mit dem Lächeln

Da das Glücksgefühl auf einem körperlichen Zustand fußt, liegt im Umkehrschluss nahe, dass man dieses Gefühl durch eine entsprechende körperliche Aktion auslösen kann. Herzschlag, Hautwiderstand und Hormone entziehen sich zwar unserer Beeinflussung, aber ein Lächeln scheint möglich zu sein. Allerdings ist dies nicht ganz so einfach, wie es scheint:

Im Jahr 1842 begann der Arzt Guillaume Benjamin Amand Duchenne de Boulogne damit, mittels zweier Elektroden die Gesichtsmuskeln eines alten, zahnlosen Schuhmachers mit Stromschlägen zu reizen. Da der alte Mann an einer nahezu vollständigen Gefühlslosigkeit des Gesichts litt, spürte er während der Prozedur nichts – ein Vorteil für den Schuhmacher und für Duchenne, der so die einzelnen Muskeltätigkeiten genau untersuchen konnte. Duchenne benannte die Muskeln nach den Gefühlen, bei denen sie aktiviert wurden: den Muskel des Schmerzes, der Traurigkeit oder der Lüsternheit. Er entdeckte auch, dass bei einem echten Lächeln nicht nur der Lachmuskel (der große Jochbeinmuskel), sondern auch der Augenringmuskel *(Orbicularis oculi, pars lateralis)* in Aktion tritt, der vom unwillkürlichen Nervensystem gesteuert wird. Schon Duchenne erkannte damals: »Er *(der Augenringmuskel)* gehorcht nicht dem Willen. Sein Fehlen entlarvt den falschen Freund.«

Doch obwohl er eigentlich unwillkürlich gesteuert wird, kann der Augenringmuskel trainiert werden – und das hebt tatsächlich die Stimmung. Paul Ekman, einer der führenden Emotionswissenschaftler der Welt, hat dies eindrücklich bewiesen. Ekman, der sich intensiv mit der Analyse von Gesichtsausdrücken beschäftigt hat und als bester menschlicher Lügendetektor gilt, ist lebendes Vorbild für die Figur des Dr. Cal Lightman in der Fernsehserie *Lie to me*, der durch genaue Beobachtung der unwillkürlichen Körpersprache erfolgreich Lügner enttarnt.

Ekman brachte einer Gruppe von Versuchsteilnehmern bei, den Augenringmuskel zu trainieren, ohne ihnen zu sagen, warum sie das tun sollten. Im Lauf der Zeit stellten die Teilnehmer eine gehobene Stimmung fest, die sich auch dokumentieren ließ: Während sie mit Augenringmuskel lächelten, zeichneten die mittels Magnetresonanztherapie (MRT) gemessenen Hirnströme das gleiche Bild elektrischer Signale wie bei einem »echten« Glücksmoment.

Die Hirnseite ist wichtig

Einer der bekanntesten Hirnforscher ist der US-amerikanische Neurowissenschaftler Richard Davidson. Er beschäftigt sich mit der Anatomie des Gehirns, dessen Veränderbarkeit und den daraus folgenden Auswirkungen auf das menschliche Gemüt. Davidson fand heraus, dass Menschen mit einer dominanten rechten Gehirnhälfte eher miesepetrig, misstrauisch und introvertiert sind und stärker zu Depressionen und generellem Schwarzsehen neigen. Wer hingegen über eine aktivere linke Hirnhälfte verfügt, ist grundsätzlich optimistischer, fröhlicher und geselliger und besitzt größeres Selbstvertrauen. In einem Versuch spielte er Miesepetern wie Sonntagskindern ein Filmchen vor, das einerseits erheiternde, lustige Szenen und andererseits Ausschnitte aus einer emotional belastenden Situation enthielt. Obwohl alle Versuchsteilnehmer dasselbe sahen, gaben sie unterschiedliche Bewertungen ab: Diejenigen, die generell eher die Löcher im Käse sahen, sprachen im Vergleich zu den Optimisten stärker auf die bedrückenden Ausschnitte an, die Frohnaturen wiederum vergnügten sich bei den lustigen Szenen deutlich mehr als die Miesepeter. Eine gewisse Veranlagung scheint also angeboren. In einer weiteren Studie verabreichte Davidson den Versuchsteilnehmern eine Grippeimpfung. Es stellte sich heraus, dass die Frohnaturen auch damit besser zurechtkamen: Sie bildeten wesentlich mehr Antikörper gegen die (abgetöteten) Viren als ihre missgelaunten Kollegen. Dieser Unterschied ist vermutlich darauf zurückzuführen, dass Menschen mit einer aktiveren rechten Hirnhälfte, die Miesepeter also, vermehrt Stresshormone ausschütten, wodurch das Immunsystem auf lange Sicht geschwächt werden kann.

Das Glück der dänischen Gene

Die Europäische Kommission untersucht seit Mitte der 1970er-Jahre das Glück der Europäer. Besonders fallen dabei die Dänen auf: Regelmäßig rangieren sie in der »Eurobarometer« genannten Studie ganz vorne. Auch in einer 2011 von der Hamburger Stiftung für Zukunftsfragen durchgeführten Umfrage stimmten 96 Prozent der Dänen der Aussage »Ich bin persönlich glücklich mit meinem Leben« zu – so viele wie keine andere Nation. Auch der World Happiness Report der Vereinten Nationen kam mehrfach zu dem Ergebnis: Am glücklichsten sind die Dänen. Woran liegt das, haben sich Wissenschaftler gefragt. Am Wohlstand? Am fürsorglichen Sozialstaat? Aber warum schneiden dann Länder mit vergleichbaren Voraussetzungen deutlich schlechter, sprich unglücklicher ab?

Um eine Antwort zu finden, untersuchten zwei Ökonomen der University of Warwick, Eugenio Proto und

Andrew Oswald, die genetischen Unterschiede zwischen Dänemark und etwa 130 anderen Ländern. Sie stellten fest: Je ähnlicher das Erbgut eines Volkes dem der Dänen war, desto weiter oben rangierte das Land in der Glücksliste. Und je größer die genetische Distanz zu Dänemark war, desto unzufriedener war die Bevölkerung des betreffenden Landes (andere Ähnlichkeiten, wie die geografische Nähe, kulturelle Gemeinsamkeiten und vergleichbare Sozialsysteme rechneten die Wissenschaftler heraus).

Die Forscher widmeten sich anschließend der Untersuchung eines speziellen Gens: des Serotonin-Transporter-Gens 5-HTTLPR. Dieses Gen gibt es in zwei Varianten (Allelen): in einer kurzen und in einer langen Ausprägungsform. Der Theorie zufolge neigen Menschen mit einem kurzen Allel deutlich mehr zu Depressionen als Menschen mit einem langen Allel. Die Auswertungen von Tests aus 30 Ländern ergaben: Dort, wo die Bevölkerung am unzufriedensten ist, leben mehr Menschen, die ein kurzes Allel aufweisen. In Dänemark hingegen ist der Anteil an Menschen mit kurzem Allel am geringsten.

Dem Hirn ist es egal, ob du glücklich bist

Negative Erlebnisse beeindrucken mehr, schneller und länger als positive: Es ist schwieriger, ein Publikum zum Lachen zu bringen, als es traurig zu stimmen, der schönste Tag kann durch ein einziges Ärgernis verdorben sein und wir sprechen auf schlechte Nachrichten stärker an als auf gute. Dahinter steckt ein simpler Schutzmechanismus, der in der Zeit der Säbelzahntiger durchaus sinnvoll war: Ein gesundes Misstrauen und ein sensibler Sensor für Gefahren und Risiken sicherten den Menschen weitaus wahrscheinlicher das Überleben als das erfüllende Erlebnis eines Sonnenuntergangs. Leider hat unser Gehirn jedoch noch nicht begriffen, dass wir die Sache mit den Säbelzahntigern inzwischen ganz gut im Griff haben, und bleibt vorsichtshalber auf Gefahr gepolt. Damit ist es 200 000 Jahre lang gut gefahren und macht jetzt keine großen Veränderungen, nur weil Frau Müller gerne glücklicher wäre. Diesem Phänomen gingen vier Wissenschaftler der Ohio State University nach: Sie zeigten Versuchsteilnehmern Stapel von Fotos, die sowohl neutrale als auch positiv oder negativ besetzte Bilder zeigten. Während die Probanden die Aufnahmen betrachteten, wurden ihre Hirnströme gemessen. Dabei stellte sich heraus, dass die negativen Bilder eine deutlich stärkere und länger andauernde Reaktion auslösten als die positiven. Außerdem wurden die neutralen Fotos schlechter bewertet, wenn ihnen ein negatives Bild vorausgegangen war.

Diese Reaktion bringen wir nicht nur Bildern, sondern auch Menschen entgegen: Wenn wir einer uns unbekannten Person begegnen und eine negative und eine positive

Information über sie erhalten, werden wir immer negativ über sie urteilen – solange sich die Qualität der Informationen die Waage hält. Vorsichtshalber.

Glück ist erblich – Die Zwillinge von Lykken

Die Wissenschaftler David Lykken und Auke Tellegen haben die in ihrer Art weltweit größte Befragung von Zwillingen durchgeführt. Fast 1500 Zwillinge nahmen an der Studie teil und füllten einen 198 Punkte umfassenden Fragebogen aus. Die Forscher teilten ihre Versuchsteilnehmer in drei Gruppen ein: eineiige Zwillinge, zweieiige Zwillinge und eineiige Zwillinge, die kurz nach der Geburt getrennt worden waren. Das überraschende Ergebnis war, dass die eineiigen Zwillinge, die aufgrund ihrer frühen Trennung unterschiedlichen Lebensumständen und Einflüssen ausgesetzt waren, eine ähnliche Lebenszufriedenheit an den Tag legten wie die eineiigen Zwillinge, die nicht getrennt worden waren. Dagegen unterschieden sich die zweieiigen Zwillingspaare, also diejenigen, die nicht mit dem gleichen, sondern mit unterschiedlichem Erbgut ausgestattet waren, in der Bewertung ihres Lebensglücks zum Teil erheblich – obwohl sie unter den gleichen Bedingungen aufgewachsen waren. Aus diesen Untersuchungsergebnissen folgerten Lykken und Tellegen, dass die Erbanlagen einen weitaus größeren Einfluss auf das persönliche Glück ausüben als die

Faktoren, die man bisher als maßgebend erachtet hatte, sprich Einkommen, Intelligenz, Gesundheit, Lebensalter und Familienstand.

Aufgrund der Forschungsergebnisse schlussfolgerte Lykken, dass alle Versuche, glücklicher zu werden, genauso vergeblich seien wie etwa der Versuch, etwas an der eigenen Körpergröße zu ändern. Später fügte er jedoch hinzu, dass der Mensch seinen Veranlagungen nicht hoffnungslos ausgeliefert sei. Es sei lediglich zu vermuten, dass es eine angeborene Prädisposition für Denkmuster gebe. Demzufolge würde es durchaus das Lebensglück steigern, wenn Menschen ihr eigenes Denken in eine positive Richtung lenken könnten.

Das Ererbte ist veränderbar

Niemand kann so eindrucksvoll demonstrieren, wie sehr das menschliche Gehirn sich verändern lässt, wie die tibetischen Mönche, mit denen der Neurowissenschaftler Richard Davidson arbeitete. Davidson war, lange bevor er mit diesen Studien begann, davon überzeugt, dass sich das menschliche Gehirn durch Erfahrungen verändert und dass man mit mentalem Training positiv darauf einwirken kann. Nichts anderes ist Meditation.

Der Buddhismus ist für die moderne Hirnforschung besonders interessant, da in dieser Religion viel Wert darauf gelegt wird, den Blick nach innen zu richten. Buddhistische Mönche sind deshalb gefragte Versuchskaninchen der Neurowissenschaft. Richard Davidson erhielt für seine Forschungen Unterstützung von höchster Stelle: Der Dalai-Lama höchstpersönlich wählte aus seinem engeren Kreis acht Mönche aus, die zu dem Wissenschaftler in die USA reisten. Bei den Mönchen handelte es sich um Meditationsprofis, die über mindestens 10 000 Stunden praktische Erfahrung verfügten. In seinem Labor untersuchte Davidson mittels MRT (Magnetresonanztomografie), was sich jeweils im Gehirn der Mönche während der Meditation abspielte. Zusätzlich wurden 150 Vergleichspersonen – allesamt Meditationsneulinge – getestet. Davidson ging davon aus, dass bei den Mönchen eine erhöhte Aktivität des linken präfrontalen Gehirnareals – eine Erregung dieses Areals wird mit einer positiven Grundstimmung in Zusammenhang gebracht – festzustellen sein würde. Und tatsächlich: Die Mönche erreichten Werte, die keine der Vergleichspersonen auch nur annähernd zuwege brachte.

Bei einer anderen Meditationstechnik konnte Davidson durch den Einsatz von Elektroenzephalografen bei den Mönchen ein vermehrtes Auftreten von Gammawellen feststellen. Bei den Vergleichspersonen dagegen stieg die

Gammaaktivität kaum. Gammawellen treten auf, wenn wir kognitive Höchstleistungen erbringen. Sie stehen für Aufmerksamkeit und Konzentration und erscheinen normalerweise nur kurz in vereinzelten Arealen des Hirns. Bei den Mönchen jedoch ›flossen‹ die Wellen anhaltend über das gesamte Gehirn. Der deutsche Psychologe und Meditationsexperte Ulrich Ott bezeichnete die Werte, die einer der Mönche erreichte, sogar als »jenseits von Gut und Böse«.

Die Wissenschaftler beeindruckte jedoch nicht nur die vermehrte Nachweisbarkeit von Gammawellen bei den Mönchen, sondern auch die Tatsache, dass diese sich nahezu geordnet zu verbreiten schienen. Eine solche koordinierte Ausbreitung ist normalerweise nie zu sehen. Es zeigte sich auch, dass bei den Mönchen die Gammaaktivität generell erhöht war. Davidson erachtete dies als Beleg dafür, dass mentale Arbeit nachweisbare Veränderungen im Gehirn bewirken kann.

The Shamatha Project

The Shamatha Project zählt vermutlich zu den umfassendsten Studien über den Einfluss von Meditation auf unser Befinden. Es wurde vom UCD Center for Mind and Brain, einer Forschungseinrichtung der University of California, in Zusammenarbeit mit 30 Wissenschaftlern von Universitäten aus ganz Amerika und Europa durchgeführt.

In der randomisierten, kontrollierten Studie wurde untersucht, wie sich intensive Meditation auf das Denken und Fühlen auswirkt. Die Forscher testeten die Fähigkeiten und das Verhalten der Versuchsteilnehmer vor, während und nach dem intensiven Meditieren, indem sie ihnen kognitive und die Wahrnehmung betreffende Aufgaben stellten, sie auf emotionaler Ebene provozierten und sie Fragebögen ausfüllen ließen. Dabei überwachten sie die physiologischen und biochemischen Werte der Testpersonen.

Insgesamt wurden 60 gesunde Personen mit Meditationserfahrung untersucht. Sie wurden in zwei Gruppen eingeteilt: 30 von ihnen wurden zu einem dreimonatigen Meditationsseminar geschickt, wo sie unter Anleitung täglich etwa sechs Stunden praktizierten. Die restlichen Teilnehmer blieben vor Ort und dienten als Kontrollgruppe, die dieselben Tests unterlief, ohne die intensive Meditationspraxis auszuüben. Anschließend tauschten die beiden Gruppen die Rollen.

Die Auswertung der während des Versuchs gewonnenen Daten brachte Erstaunliches zutage: Abgesehen von einer generellen Verbesserung des Wohlbefindens und der Aufmerksamkeit durch das intensive Meditieren konnten die Forscher einige Veränderungen von biologischen Merkmalen bei den Testpersonen feststellen, zum Beispiel hinsichtlich der Telomerase. Telomerase ist ein Enzym, das die Endstücke unserer Chromosomen, die sogenannten Telomere, während der Zellteilung wiederherstellt. Dadurch wird vermieden, dass die Telomere im Lauf der Zeit immer kürzer werden. Eine zum Beispiel durch Stress verursachte reduzierte Aktivität des Enzyms und die damit verbundene Verkürzung der Telomere werden unter anderem für den Alterungsprozess verantwortlich gemacht.

Die Telomere des geklonten Schafes Dolly beispielsweise waren von Geburt an verkürzt. Die kurze Lebensdauer und der früh einsetzende Alterungsprozess des Tieres werden darauf zurückgeführt.

Beim Shamatha Project zeigten Blutuntersuchungen, dass die Telomeraseaktivität bei den Testpersonen, die an dem intensiven Meditationskurs teilgenommen hatten, um 30 Prozent höher war als bei der Kontrollgruppe. Der Einfluss der Meditationspraxis ließ sich also bis in die kleinsten Zellen hinein und bis auf die Ebene der molekularen Biologie nachweisen.

Das Glück im Blut

Der US-amerikanische Psychiater William F. Fry steckte sich in den 1960er-Jahren in seinem Labor eine Kanüle in den Arm und sah sich *Dick und Doof*-Filme an. Die Kanüle sollte ihm in regelmäßigen Abständen Blut abzapfen und die Filme sollten ihn zum Lachen bringen. Beides funktionierte einwandfrei. Das Blut wurde anschließend analysiert und Fry hielt nach dem Experiment zwei Ergebnisse fest: Erstens fand er den Film, in dem Dick und Doof ein Klavier einen Hügel hinaufschieben, am lustigsten. Zweitens hatte das Lachen die Anzahl der NK-Zellen in seinem Blut ansteigen lassen. NK-Zellen (Natürliche Killerzellen) sind Teil des Immunsystems. Sie sind dafür verantwortlich, Tumor- und Viruszellen zu erkennen und zu töten. Fry wies durch sein Experiment also nach, dass Lachen auch für den Körper gesund ist. Der Psychiater, der sich früh in seiner Karriere mit der Erforschung des Humors beschäftigte, gilt als Begründer der Gelotologie, das heißt der Wissenschaft von den Auswirkungen des Lachens. 1964 gründete er das erste Institut für Humorforschung. Einen weiteren eindrucksvollen Beweis der positiven Auswirkung des Lachens auf die Gesundheit liefert die Lebensgeschichte von Norman Cousins: Der amerikanische Journalist erkrankte in den 1970er-Jahren an einer Form von Arthritis, bei der das

Knochengewebe abgebaut wird. Diese Krankheit ist unheilbar und sehr schmerzhaft. Cousins, der sich zunächst stationär in einem Krankenhaus befand, beschloss, sich durch lustige Filme abzulenken. Die Kapriolen der Marx Brothers und die Sketche mit versteckter Kamera brachten ihn in so gute Stimmung, dass man ihn aus dem Hospital ausquartierte – in den USA keine ungewöhnliche Vorgehensweise. Cousins wurde in einem Hotel ambulant weiterbehandelt.

Zu Beginn der Erkrankung hatten Cousins' Heilungschancen bei eins zu 500 gelegen, die Ärzte hatten ihn quasi schon aufgegeben. Sein Zustand besserte sich jedoch zusehends und schließlich stellten die Ärzte fest, dass die Entzündungswerte in seinem Blut dramatisch nach unten gegangen waren. Es sah so aus, als ob die Marx Brothers ihn geheilt hätten.

PHILOSOPHIEN DES GLÜCKS

Die Klassiker

- *Platon (427 v. Chr.): Glück ist Weisheit.*
- *Aristoteles: (384 v. Chr.): Glück ist Tüchtigkeit und hängt von günstigen Lebensumständen ab.*

In der antiken Philosophie galt als Ziel allen Handelns des Menschen die *eudaimonía*, das Glück oder die Glückseligkeit. Sie wurde als das höchste Gut angesehen, da sie als Einziges um ihrer selbst willen angestrebt wird. Alle anderen Handlungen und Güter waren nach Ansicht der Philosophen nur Mittel zum Zweck, da sie nicht allein um ihrer selbst willen Ziel waren, sondern weil der Mensch sich stets erhoffte, dadurch den Zustand des Glücks zu erreichen. Die antiken Denker sagten: Allein die Glückseligkeit erstrebt nichts anderes, sie wird nicht aus einem anderen Zweck begehrt. Sie ist »das vollkommene und selbstgenügsame Gut und das Endziel des Handelns«. Darüber, wie diese Glückseligkeit zu erreichen ist, herrschten unterschiedliche Ansichten. Allen Ansätzen gemein ist aber die Vorstellung, dass eine tugendhafte Lebensweise für das Erlangen des Glücks unabdingbar ist.

Platons Verständnis der Welt und des Glücks ist am besten durch sein Höhlengleichnis, eines der bekanntesten Gleichnisse der antiken Philosophie, nachzuvollziehen. Beschrieben wird eine unterirdische Höhle. Sie steht für die reale Welt, wie wir sie mit unseren Sinnen wahrnehmen. In der Höhle befinden sich Menschen, die dort schon ihr Leben lang gefangen sind – die Masse der unphilosophischen Menschen. Sie sind gefesselt und verharren regungslos mit Blick auf die Höhlenwand. Den hellen Ausgang hinter ihnen können sie nicht sehen – sie sehen nur das Licht an der Wand, aber nicht dessen Quelle, und die Schatten ihrer selbst, die an die Wand geworfen werden. Der Ausgang und der Aufstieg ins Helle sind gleichzusetzen mit dem Aufstieg in die geistige Welt. Ein befreiter Gefangener würde zunächst vom Licht geblendet, er wäre verwirrt und würde an seinen Platz an der Höhlenwand zurückkehren wollen, weil er das Leben in der Dunkelheit als einzig echtes Leben kennt. Langsam erst würde er begreifen, dass er die Sonne sieht und dass es deren Licht ist, das die Schatten wirft.

Das sinnlich Wahrnehmbare, also die Höhle, ist für Platon eine mindere Welt. Das Licht ist das Gute, das Göttliche, mit dem die Seele des Menschen schon vor der Geburt verbunden ist. Glücklich wird, wer sich dieses Umstands bewusst wird und versucht, die verloren gegangene, gottähnliche Beschaffenheit seiner Seele (wieder) so weit wie möglich an das Ideal heranzuführen. Dies geschieht durch Tugendhaftigkeit, also indem man sich selbst dem Guten zuwendet.

Laut Aristoteles erlangt der Mensch Glück nicht durch die Ausrichtung seiner Seele, sondern durch sein Handeln: indem er seiner Bestimmung entsprechend lebt. Dazu gehört, dass er eine (geistige) Tätigkeit ausübt, lernt, übt, ethisch handelt und sich mit Sorgfalt um Tüchtigkeit bemüht. Das Glück ist aber nicht allein Ergebnis dieser Bemühungen, die Umstände spielen ebenfalls eine Rolle. Wer schwere Schicksalsschläge erleidet, kann nicht als glücklich bezeichnet werden, auch wenn er sich geistig und durch sein Handeln um die richtige Lebenshaltung bemüht. Als äußere Güter, die zur Erlangung von Glück zwar nicht über alle Maßen, aber doch ausreichend vorhanden sein sollten, gibt Aristoteles an: eine edle Herkunft, zahlreiche und wertvolle Freundschaften, Reichtum, gute und zahlreiche Nachkommen, gute Lebensverhältnisse im Alter, Gesundheit, Schönheit, Stärke, Ansehen, Tüchtigkeit und günstige Schicksalsfügungen. Die Freundschaft hielt Aristoteles für das wichtigste unter den äußeren Gütern.

Die Bedürfnislosen

- *Antisthenes (um 445 v. Chr.): Glück ist Bedürfnislosigkeit.*
- *Diogenes von Sinope (um 410 v. Chr.): Glück ist Selbstgenügsamkeit.*

Antisthenes war zu seiner Zeit vermutlich einer der bekanntesten Philosophen Athens. Er war Begründer des Kynismus, einer Lehre, die propagierte, dass das Glück als höchstes Gut durch Bedürfnislosigkeit und Autarkie zu erreichen sei, und die sich gegen Luxus und gegen gesellschaftliche Konventionen aussprach. Kyniker waren die Punks, die Aussteiger, die Occupy-Bewegung der Antike. Diogenes von Sinope, ein Schüler des Antisthenes, verhalf dem Kynismus zu seiner Bekanntheit.

Die Logik der Kyniker war bestechend einfach: Nachdem die Menschen durch ihre handwerklichen, wissenschaftlichen und sozialen Erfindungen nicht freier und glücklicher geworden waren, sondern sich immer weiter ins Unglück stürzten, konnte der einzige Weg nur darin liegen, die Entwicklung so weit wie möglich rückgängig zu machen und zum Ursprünglichen zurückzukehren. Kyniker stiegen aus der Zivilisation aus und verzichteten auf die Güter, die diese mit sich brachte, um sich von allen Zwängen zu befreien. Lediglich natürliche Bedürfnisse wie Essen, Trinken, Kleidung, Unterkunft und sexuelle Befriedigung wurden anerkannt.

Der Verzicht beinhaltete nicht nur Besitztümer, sondern bedeutete auch die Loslösung von gesellschaftlichen Normen, Traditionen und Gesetzen sowie von Gelehrsamkeit und dem Erwerb von Spezialwissen. Weltliche Dinge wurden abgelegt, da man eine »natürliche« Ordnung für erstrebenswert hielt. Praktisch hieß das, dass Diogenes unter freiem Himmel hauste, in der Öffentlichkeit masturbierte und vor aller Augen aß (auch Letzteres galt den antiken Griechen als anrüchig). Die Kyniker waren für ihren beißenden Spott bekannt: Antisthenes veralberte Platon, den er für protzig und arrogant hielt, indem er ihn *Sathon* (»mit dickem Glied«) statt Platon (»mit breiter Stirn«) nannte. Die von antiken Autoren überlieferte Anekdote, die von der Begegnung Alexanders des Großen mit Diogenes erzählt, stellt die Macht des inneren Reichtums den Mächten der Welt gegenüber: Als Alexander sich zu Diogenes begibt und ihn fragt, womit er ihm dienen könne, antwortet Diogenes: »Geh mir nur ein wenig aus der Sonne.«

Die Ungläubigen

- *Aristippos von Kyrene (um 435 v. Chr.): Glück ist Lust.*
- *Epikur (um 341 v. Chr.): Glück ist Ausgeglichenheit.*

Aristippos, ein Schüler des Sokrates, und einige andere Philosophen stellten um das Jahr 400 v. Chr. fest, dass eigentlich nichts darauf hinweist, dass es ein Weiterleben nach dem Tod und eine unsterbliche Seele gibt. Im antiken Griechenland war das ein revolutionärer Gedanke, da man gemeinhin der These Platons folgte, dass die Seele nach dem Tod im Schattenreich geläutert wird und schließlich in höheren Sphären ihrer Unsterblichkeit frönt. Lehnt man diese Annahme ab, wechselt der Fokus automatisch vom Jenseits auf das Diesseits: Der Mensch wird als Teil der Natur angesehen und angesichts der Endlichkeit seines Lebens ergibt sich als einzig logische Schlussfolgerung, dass er aus seinem kurzen Intervall auf Erden das Beste machen sollte.

Ein Greis sollte über sein Leben sagen können: Ich habe meine Talente und Möglichkeiten genutzt und mein Leben nicht verschwendet, ich habe Sinnvolles getan und kann zufrieden sein. Man nennt diese Sicht der Dinge »Hedonismus«. In neuerer Zeit wird der Begriff oft abwertend gebraucht, um eine egoistische, rein an den eigenen Genüssen orientierte Lebenshaltung zu beschreiben. Im philosophischen Sinn aber bezeichnet Hedonismus den Grundgedanken, umsichtig mit sich selbst und mit der irdischen Welt umzugehen, da der Mensch kein weiteres Leben und keine andere Welt hat. Aristippos gilt als früher Vertreter des Hedonismus und Begründer der Kyrenaischen Schule, die lehrte, dass nicht das Erlangen von Glück ein gutes Leben ausmacht, sondern die Aneinanderreihung von lustvollen Momenten. Schmerzvolle Empfindungen zu meiden ist ebenfalls Teil dieser Philosophie. Worin der Lustgewinn besteht – ob die Lust zum Beispiel darin liegt, Erkenntnisse zu gewinnen, oder ob sie sexueller Natur ist –, spielte für die Kyrenaiker keine Rolle.

Für Epikur war ebenfalls das Lustprinzip zentral, als Lebensziel definierte er jedoch einen lustvollen Zustand der Ataraxie, der Seelenruhe. Seiner Lehre zufolge bringt ein Übermaß von Lust die Seele ebenso aus dem Gleichgewicht, dem Idealzustand, wie großes Leid. Um sich von diesen Erschütterungen zu befreien, muss sich der Mensch von Schmerz und Angst, aber auch von übermäßiger Bedürfnisbefriedigung lösen. Für Epikur war der größte Lustgewinn die Philosophie. Er lud jeden Interessierten, auch Frauen und Sklaven – das war zu seiner Zeit revolutionär –, in seinen Garten zum intellektuellen Austausch ein.

Die Stoiker

▶ *Seneca (um 4 v. Chr.) und Mark Aurel (121): Glück ist Seelenruhe, die durch Leidenschaftslosigkeit entsteht.*

Die Stoiker befanden sich in ständigem Streit mit den Anhängern der Lehren Epikurs. Die Philosophenschule der Stoa wurde um 300 v. Chr. in Athen gegründet und bestand mehr als 500 Jahre. Auf den ersten Blick haben die Stoiker und die Epikureer einiges gemein: Beide definieren den inneren Frieden des Menschen als Glück. Diesen erlangt man nach beiden Theorien durch Selbstkontrolle und Genügsamkeit, die den Zustand der Ataraxie, der Gemüts- oder Seelenruhe, hervorrufen. Anders als die Epikureer waren die Anhänger der Stoa jedoch davon überzeugt, dass es eine sinnvolle Ordnung der Welt gibt. Sie glaubten an die göttliche Vorsehung und an die Unsterblichkeit der Seele. Deshalb erachteten sie nicht den Lustgewinn, sondern die Tugendhaftigkeit als höchstes Gut. Ihrer Ansicht nach sollte sich der Mensch nicht von seiner Lust, sondern von Pflichtbewusstsein, Leidenschaftslosigkeit, Gleichmut und Gelassenheit leiten lassen.

Für Seneca war die Vernunft der Schlüssel zum Glück, da sie es dem Menschen ermöglicht, im Einklang mit den Gesetzen der Natur und dem eigenen Wesen zu leben und sich Tugend anzueignen. Während nach Epikur der Mensch das Glück in sich selbst findet, erlangt er es laut den Stoikern durch die Anpassung an eine außerhalb liegende Wahrheit, die die Vernunft als richtig anerkannt hat. Die Stoa erachtet das unvernünftige Leben als verwerflich, allen positiven und negativen äußeren Umständen hatte man mit Leidenschaftslosigkeit (Apatheia) zu begegnen: Leben, Gesundheit, Ehre und Besitz ebenso wie Krankheit, Tod, Armut und Knechtschaft galten als weder gut noch schlecht, sondern als gleichgültig (Adiaphora). Das Idealbild, den stoischen Weisen, beschrieb Mark Aurel: »Der Klippe gleich sein, an der sich ständig die Wogen brechen. Sie aber steht unerschüttert, und um sie herum beruhigt sich die Brandung.«

Neben dem Platonismus und dem Aristotelismus zählten der Epikureismus und der Stoizismus zu den bedeutendsten philosophischen Strömungen der Antike. Die Ethik des Stoizismus hatte großen Einfluss auf das aufkommende Christentum, auch wenn die beiden Lehren von Beginn an verfeindet waren. Mark Aurel, der einzige römische Kaiser, der Philosoph war, bezeichnete das Christentum sogar als einen Rückfall in barbarischen Aberglauben.

Die Gläubigen

▶ *Augustinus von Hippo (354): Glück ist Gott und Dienst am Mitmenschen.*
▶ *Thomas von Aquin (um 1225): Glück ist, die Gebote Gottes zu befolgen.*
▶ *Martin Luther (1483): Glück ist die Gnade Gottes.*

Für die Gläubigen ist wahres Glück natürlich nur in Verbindung mit Gott zu finden. Im Einzelnen gehen die Auffassungen aber weit auseinander.

Der Philosoph Augustinus von Hippo lebte in der Zeit, die die Schwelle zwischen der Antike und dem Mittelalter darstellte. Er war der Überzeugung, dass Gott ewig und unveränderlich sei, und folgerte daraus, dass Gott das höchste Glück sei. Seiner Meinung nach konnte der Mensch dieses Glück erreichen, indem er Gottes Willen erfüllt und ein gutes Leben führt und sich dadurch einen reinen Geist aneignet.

Im Gegensatz zur Auffassung von Augustinus, der Gott im Innersten des Menschen sucht, entspricht die Lehre des Thomas von Aquin der Entwicklung im Mittelalter: Gott wird nur im Außen gesucht, Glück erlangt man durch die Befolgung seiner Gebote, die mit der Kirche gleichzusetzen sind. Das Glück liegt also nicht mehr in jedem Einzelnen, sondern im Gehorsam gegenüber der Institution.

Martin Luther erachtete es als unmöglich, dass der Mensch im Diesseits Glück erlangen kann. Er ging in seinen Lehren davon aus, dass der Mensch sich wegen seiner sündhaften Natur in einem vollkommenen und andauernden Zustand der Schuld gegenüber Gott befindet. Der Mensch kann sich nicht selbst, zum Beispiel durch Buße (oder Ablassbriefe), aus diesem Zustand befreien, dies ist allein durch die Gnade Gottes möglich. Nach Luther kann der Mensch Glück also erst im Jenseits erlangen.

Die Humanisten der Renaissance

▶ *Giovanni Pico della Mirandola (1463): Glück ist im Menschen.*

Als Reaktion auf die barbarische Zeit des Mittelalters entstand gegen Ende dieser Epoche in Italien der Humanismus, der sich ab dem Jahr 1500 auch in anderen Teilen Europas verbreitete. Die Humanisten orientierten sich wieder an der abendländischen Philosophie der Antike und nicht an der theologischen Bildung. Scholastik, Dogmatismus und Aberglauben lehnten sie ab. Das Glück liegt nach Ansicht der Humanisten im Menschen selbst begründet. Der italienische Philosoph Giovanni Pico della Mirandola lässt Gott in seinem Text *Über die menschliche Würde* sagen: »... Ich habe dich in die Mitte der Welt gesetzt, damit du von dort bequem um dich schaust, was es alles in dieser Welt gibt. Wir haben dich weder als einen Himmlischen noch als einen Irdischen, weder als einen Sterblichen noch als einen Unsterblichen geschaffen, damit du als dein eigener vollkommen frei und ehrenhalber schaltender Bildhauer und Dichter dir selbst die Form bestimmst, in der du zu leben wünschst. Es steht dir frei, in die Unterwelt des Viehes zu entarten, es steht dir ebenso frei, in die höhere Welt des Göttlichen dich durch den Entschluss deines eigenen Geistes zu erheben.« Diese gottgegebene Freiheit ist ein Kerngedanke des Humanismus. Um ein glückliches Leben zu führen, bedarf es nach Ansicht der Humanisten der Bildung und des Respekts vor der Würde des Menschen. Der Humanismus war Wegbereiter der Aufklärung und der Reformation.

Bedeutende deutsche Humanisten der Renaissance waren: Konrad Heresbach, Rudolf Agricola, Conrad Celtis, Nikolaus von Kues, Philipp Melanchthon, Erasmus von Rotterdam, Ulrich von Hutten, Konrad Peutinger, Willibald Pirckheimer, Johannes Reuchlin und Johannes Rivius.

Philosophie der Neuzeit (Rationalismus, Empirismus, Aufklärung)

- René Descartes (1596): Glück ist Zufriedenheit.
- John Locke (1632): Glück ist größtmögliche Lust.
- David Hume (1711): Glück ist, was allen nützt.
- Immanuel Kant (1724): Glück ist Pflicht.

Die Philosophen der Moderne prägte das durch die naturwissenschaftlichen Erkenntnisse veränderte Weltbild. Dem Rationalismus galt das rationale Denken als einzig zuverlässiges Mittel zum Erwerb von Wissen. René Descartes war der Auffassung, dass das Denken auf Basis der Erfahrung und der Fantasie das eigentliche Wissen liefere, dass Gott als Garant dafür stehe, dass dieses Wissen wahr ist, und dass dadurch das philosophische Glück vollkommen werde. Dieses Glück bezeichnete er als Zufriedenheit. Beeinflusst durch den Gedanken der Humanität, war er der Ansicht, dass diese Zufriedenheit nach Möglichkeit von allen Menschen erreicht werden sollte: Das kleine private Glück – zum Beispiel die Erfüllung von Wünschen oder Bedürfnissen – hatte sich dem allgemeinen Wohlergehen unterzuordnen. Weitere bedeutende Vertreter des Rationalismus waren: Baruch de Spinoza und Gottfried Wilhelm Leibniz (nach dem der Keks benannt ist).

Während Descartes von der Fehlbarkeit der Sinne ausging und allein auf das rationale Denken vertraute, erachteten die Vertreter des Empirismus die praktische Erfahrung als Grundlage der Erkenntnis. John Locke sprach dem Menschen angeborene Vernunft ab. Er verglich das Bewusstsein eines Neugeborenen mit einem leeren Blatt Papier *(Tabula rasa)*, auf das erst die Erfahrung schreibt. Locke ging davon aus, dass der Mensch von Natur aus nach Glück strebt. Er setzte Glück mit größtmöglichem Vergnügen beziehungsweise größtmöglicher Lust gleich und definierte es damit als »Privatsache«.

David Hume teilte das von Locke entworfene Menschenbild, formulierte aber den Gedanken, das menschliche Handeln nach dem Nutzen für die Allgemeinheit zu bewerten. Er war der Ansicht, dass das private Glück erst dann auch für andere zum Glück werden kann, wenn es allen Menschen nützt. Weitere berühmte Anhänger des Empirismus waren Francis Bacon, Thomas Hobbes und George Berkeley.

Immanuel Kant, ein Philosoph der Aufklärung, ging davon aus, dass der Mensch dazu neigt, egoistisch seine eigenen Bedürfnisse zu befriedigen, und stellte dem den »kategorischen Imperativ« entgegen: »Handle nur nach derjenigen Maxime, durch die du zugleich wollen kannst, dass sie allgemeines Gesetz werde.« Dadurch wird der

Mensch gezwungen, bestimmte Rechte und Tugenden einzuhalten. Nach Kant liegt Glück in der Erfüllung von Vorschriften und Pflichten. Glückseligkeit ist seiner Ansicht nach im Leben auf Erden nicht zu erreichen, nach dem Tod mit Gottes Hilfe jedoch durchaus – sofern man sich dessen zu Lebzeiten als würdig erwiesen hat. Neben Kant gehörten Jean-Jacques Rousseau, Voltaire und Denis Diderot der Aufklärung an.

Der Pessimist und der Optimist

- *Arthur Schopenhauer (1788): Glück ist der Tod, mit ihm hört das Leiden auf.*
- *Friedrich Nietzsche (1844): Glück ist individuell.*

Schopenhauer war einer der ersten Philosophen, der vermutete, dass der Welt kein irgendwie geartetes Prinzip zugrunde liegt und dass außerhalb dessen, was der Mensch durch seine Sinne und durch Denken erfahren kann, nichts existiert. Demnach liegt der Sinn des Lebens lediglich in der Erhaltung der Gattung und Glück ist nichts anderes als Bedürfnisbefriedigung, die nie von langer Dauer und stets nur Anfang neuen Strebens ist. Seinen Wünschen und Trieben hingegeben, ist es dem Menschen nicht möglich, Glück und Ruhe finden. Für Schopenhauer ist Leben Leiden: In letzter Instanz ist jeder allein, Fressen und Gefressenwerden ist das Gesetz der Natur, das

Leben eilt unaufhaltsam dem Tode entgegen, auch Selbstmord schafft keine Befreiung. Nach Schopenhauer bietet allein die Askese als vorsätzliche Brechung des Willens (der Bedürftigkeit) einen Weg zur Erlösung.

Friedrich Nietzsche hingegen ging davon aus, dass das Glück jedem Menschen innewohnt. Für ihn war das Glück allerdings individuell und er glaubte nicht an allgemeingültige Gesetze, die den Menschen glücklich machen. Dieser Weg wäre nur möglich, wenn die Menschen ein allgemein anerkanntes Ziel hätten. Da dieses Ziel jedoch fehlt, war Nietzsches Ansicht nach jegliche Vorgabe, wie Glück zu erlangen war, nur hinderlich. Verbindliche Regeln, wie man ein gelungenes, glückliches Leben führen konnte, lehnte er deshalb ab.

Glück im Buddhismus

> *Buddha/Siddharta Gautama (563 v. Chr.): Glück ist Loslassen.*

Die buddhistische Lehrtradition und Religion basiert auf der Erkundung des eigenen Geistes, des eigenen Lebens. Sie folgt einer Vision von Existenz, die gänzlich ohne Leiden ist und voll innerem Frieden und Glückseligkeit. Ursache des Leidens ist das selbstsüchtige Begehren. Wenn dieses überwunden und transzendiert wird, wenn also Zufriedenheit, Freude und allumfassende Liebe an die Stelle von ichbezogener Gier treten, kann Erleuchtung erlangt werden.

Nach Buddha sind es fünf Hindernisse, die den Menschen davon abhalten, glücklich zu sein.

1. Zweifel
   Der Zweifel – darunter fallen kleine Bedenken im Alltag ebenso wie existenzielle Zweifel – entspringt unruhigem Denken. Der Weg aus dem Zweifel besteht darin, Vertrauen zu bilden.

2. Unruhe
   Vorauseilende Gedanken, Stress, Getriebensein – Unruhe in Körper und/oder Geist wird durch das Vermeiden unangenehmer Gefühle hervorgerufen. Der Weg aus der Unruhe besteht darin, Geduld zu entwickeln.

3. Trägheit
   Gemeint ist die lustlose Trägheit von Körper und Geist, die den Menschen in Gewohnheit versinken und vor allem Neuen zurückschrecken lässt. Der Selbstwert sinkt, man wird noch träger und fühlt sich immer schlechter. Der Weg aus der Trägheit liegt darin, Strategien zu entwickeln, die Energie spen-

den, die eigenen Kräfte befreien und Begeisterung wecken.

4. Verlangen
Darunter ist das Habenwollen zu verstehen: die Sucht nach angenehmen Erlebnissen und Sinneseindrücken, das Glück, das durch die Befriedigung eines Bedürfnisses entsteht und doch nur wieder ein neues Bedürfnis nach sich zieht. Auch die »Wenn-dann-Idee« gehört zum Verlangen: »Wenn ich erst XY habe, wenn erst XY eingetreten ist, ... dann bin ich glücklich.« Achtsamkeit, Erkennen, das Erfahren der Vergänglichkeit, ein einfaches Leben, Großzügigkeit und Loslassen bilden den Weg aus dem Verlangen.

5. Widerwille
Hass, Ablehnung, Widerstand gegen Unangenehmes, gegen Menschen, Lebenssituationen und Alltägliches: Widerwille ist allgegenwärtig, der Mensch stemmt sich gegen unangenehme Empfindungen und Stress. Der Weg aus dem Widerwillen besteht darin, loszulassen, Mitgefühl zu üben, Freude zu wecken und dankbar zu sein.

DIE PSYCHOLOGIE DES GLÜCKS

Die Relativität des Glücks

1978 versuchten die Wissenschaftler Philip Brickman, Dan Coates und Ronnie Janoff-Bulman herauszufinden, wie relativ Glück für den Menschen tatsächlich ist. Zu den Versuchsteilnehmern gehörten 22 Lotteriegewinner, 29 Menschen, die durch einen Unfall gelähmt worden waren, und eine aus 22 Personen bestehende Kontrollgruppe. Sowohl die Lottogewinne als auch die Unfälle lagen weniger als ein Jahr zurück. Die Forscher befragten alle Teilnehmer zu ihrem jetzigen Glück, ihrem vergangenen Glück und ihren Glückserwartungen für die Zukunft sowie über die Freude, die sie im Alltag empfanden (zum Beispiel bei Treffen mit Freunden, wenn sie ein Kompliment erhielten oder bei einem guten Essen saßen).

Die Ergebnisse waren erstaunlich:

- Die Lotteriegewinner waren nicht glücklicher als die Kontrollgruppe.

- Die Unfallopfer stuften ihr jetziges Glück geringer ein und charakterisierten aufgrund einer Art Nostalgieeffekt ihr vorheriges Leben als glücklicher. An die Zukunft aber hatten sie vergleichbar hohe Glückserwartungen.

- Die Lottogewinner gaben für ihre Freude im Alltag eine Wertung ab, die deutlich niedriger war als die der Kontrollgruppe und die auch unter der der Unfallopfer lag.

- Die Wissenschaftler führten diese überraschenden Resultate auf eine »positive Kontrastwirkung« zurück, die sowohl bei der Gruppe der Lottogewinner als auch bei den Unfallopfern greift. Demnach haben die Lottogewinner an banalen, alltäglichen Vorkommnissen weniger Freude, da die Freude über den Lottogewinn überwiegt. Die Unfallopfer schätzen ihr momentanes Glück aufgrund des nostalgischen Vergleichs mit der Vergangenheit geringer ein, bewerten aber dagegen die Freude, die sie an kleinen Dingen des Alltags haben, höher.

Die Studie ist Teil der Beschäftigung mit einem Aspekt des menschlichen Verhaltens, der als »Hedonistische Tretmühle« bezeichnet wird. Darunter versteht man die Tendenz der Menschen, einen relativ stabilen Glücksspegel aufrechtzuerhalten: Positive wie negative Einflüsse von außen bringen den Glückspegel zwar vorübergehend aus dem Gleichgewicht, doch der Mensch gelangt durch die Gewöhnung an die veränderten Umstände immer wieder recht schnell auf den normalen Stand zurück. Von dieser Tendenz ausgeklammert sind chronische Schmerzen und Lärm – daran gewöhnen sich Menschen nicht.

Die Gefühl-als-Information-Theorie

Die von Norbert Schwarz, einem der meistzitierten zeitgenössischen Sozialpsychologen, entwickelte Gefühl-als-Information-Theorie besagt, dass unsere aktuelle Stimmungslage bei der Einschätzung unserer allgemeinen Lebenszufriedenheit oder unseres persönlichen Glücks urteilsbildende Wirkung hat. Das wiederum bedeutet, dass die Bewertung unseres Lebensglücks mitunter trügerischen Einflüssen unterliegt.

Die Recherchen von Norbert Schwartz knüpften an Untersuchungsergebnisse an, wie sie zum Beispiel von Michael Cunningham gewonnen wurden. Der Forscher hatte 1979 nachgewiesen, dass das Wetter einen starken Einfluss auf die Stimmung hat: Unsere Laune ist an regnerischen Tagen schlechter ist als an warmen, sonnigen Tagen. 1983 führte Schwartz zusammen mit seinem Kollegen Gerald Clore weitere wegweisende Experimente durch, darunter eines, das von der Idee her simpel und für jedermann eindeutig nachvollziehbar ist:

Die beiden Wissenschaftler gingen von der These aus, dass Menschen ihre aktuelle Gefühlslage als Informationsquelle für Aussagen über ihre grundlegende Zufriedenheit nutzen. Sollte diese Annahme wahr sein, dann müssten Personen, die an sonnigen Tagen befragt werden, ein deutlich positiveres Urteil über ihre Zufriedenheit fällen als Menschen, die an regnerischen Tagen interviewt werden.

Um dies zu überprüfen, riefen die beiden Versuchsleiter 84 zufällig ausgewählte Personen an sonnigen und an regnerischen Tagen an und ermittelten aus deren Antworten auf vier Fragen einen Wert auf einer Zufriedenheitsskala, die von 0 (keine Zufriedenheit) bis 10 (hohe Zufriedenheit) reichte. Tatsächlich erreichten die Teilnehmer, die an sonnigen Tagen befragt wurden, einen höheren Wert (im Schnitt 7,5). Wer an einem regnerischen Tag interviewt wurde, beurteilte seine generelle Lebenszufriedenheit schlechter (5,4). Interessanterweise entfiel der Effekt, wenn die Versuchsleiter sich bei dem Telefonat zu Beginn nach dem Wetter am Aufenthaltsort der Teilnehmer erkundigten, denn dann führten diese ihre Stimmungslage auf das Wetter zurück und brachten sie nicht mehr in Zusammenhang mit ihrem generellen Lebensglück.

Glück in der Psychoanalyse

> *Sigmund Freud (1856): Glück ist Triebbefriedigung.*

Der Vater der Psychoanalyse, Sigmund Freud, beschrieb das Streben nach Glück als zentralen Lebenszweck des Menschen: Dieses Streben suche einerseits die Abwesenheit von Unlust und Schmerz, andererseits das Erleben von Lustgefühlen. Nach Freud liegt Glück in der Erfüllung aufgestauter Bedürfnisse. Gemäß seiner Triebtheorie handelt es sich dabei um die Befriedigung von angeborenen Trieben und Grundbedürfnissen, die der Selbst- und Arterhaltung dienen. Der Trieb geht aus einem körperlichen Spannungszustand hervor, ihn zu befriedigen bedeutet »Lustgewinn«. Die Triebenergie bezeichnet Freud als »Libido«, ihre Gesetzmäßigkeit nannte er »Lustprinzip«.

Nach Freud liegt Glück also darin, dem Bedürfnis nach Nahrung, Wasser, Sauerstoff, Ruhe, Sexualität und Entspannung sowie nach Anerkennung und Sicherheit nachzukommen. Es ist damit ein kurzes, flüchtiges Phänomen, das gegen die Widrigkeiten der Außenwelt stets aufs Neue erkämpft werden muss. »Die Absicht, dass der Mensch glücklich ist, ist im Plan der Schöpfung nicht enthalten«, sagte Freud.

Da sich die Psychoanalyse im Lauf der Jahre und unter dem Einfluss anderer Analytiker weiterentwickelt hat, hat sie inzwischen auch andere Theorien zum Glück hervorgebracht, zum Beispiel, dass Glück in der Harmonie von Ich, Es und Über-Ich besteht. Diese drei Instanzen bilden das Strukturmodell der menschlichen Psyche nach Freud:

— Das Es beinhaltet alle bewussten und unbewussten Triebe und ist nur auf deren Befriedigung aus.

— Das Über-Ich beinhaltet die Summe aller Normen, die der Mensch durch Erziehung erwirbt. Darunter fallen Gesetze, Gebote und Werte der Eltern und der Gesellschaft. Das Über-Ich ist gewissenermaßen der Raum, in dem Moral und Gewissen ihren Ursprung haben.

— Das Ich ist die vermittelnde Instanz zwischen Es und Über-Ich. Es bringt die Bedürfnisse des Es und des Über-Ichs mit den sozialen Gegebenheiten in Einklang, um Konflikte zu vermeiden.

Glück im Flow

▶ *Mihaly Csikszentmihalyi (1934): Glück ist, in einer Tätigkeit aufzugehen.*

Der Professor für Psychologie Mihaly Csikszentmihalyi prägte 1975 den Begriff »Flow«, um das beglückende Gefühl zu beschreiben, das wir empfinden, wenn wir konzentriert in einer Tätigkeit aufgehen. Im Zustand des Flow vergessen wir die Zeit und uns selbst, Fühlen, Wollen und Denken befinden sich in vollkommener Harmonie. Das beste Beispiel für einen Menschen im Flow ist ein Kind, das völlig zufrieden und selbstversunken spielt. Csikszentmihalyi entwickelte seine Theorie, indem er zum Beispiel Chirurgen und Extremsportler beobachtete. Möglich ist das Erleben des Flow aber überall. In der Regel sind dabei die folgenden Merkmale vorhanden:

– Der Anforderung gewachsen sein: Die Tätigkeit muss eine Herausforderung bedeuten, aber im Bereich des Möglichen liegen. Im Idealfall liegt sie genau zwischen Unterforderung und Überforderung.

– Konzentration: Wir konzentrieren uns völlig auf das Tun, ohne es zu hinterfragen. Unsere Aufmerksamkeit ist ausschließlich auf die Bewältigung der Aufgabe gerichtet und lässt alles andere in den Hintergrund treten.

- Es gibt ein klares Ziel.

- Wir erhalten auf unsere Tätigkeit eine eindeutige Rückmeldung: Unser Erfolg ist erkennbar, wir sehen etwas funktionieren/entstehen.

- Wir haben die absolute Kontrolle über die Tätigkeit.

- Äußere Reize verblassen, das Zeitgefühl schwindet, aber auch das Gefühl, durch die Konzentration von der Welt abgegrenzt zu sein, löst sich auf. Wir gehen ganz in der Tätigkeit auf.

Csikszentmihalyi bezeichnete das Flow-Erleben als »positive Sucht«. Im negativen Sinne setzen zum Beispiel Hersteller von Computerspielen auf dieses Gefühl – so erfolgreich, dass etwa jeder zehnte Spieler Suchtkriterien erfüllt, wie sie auch für Alkoholkranke gelten.

Der Ziel-Erreichtes-Ansatz von Thomsen

Das Modell, mittels dessen Thomsen Glück und Zufriedenheit beschrieb, lehnt sich an eine schlichte mathematische Formel an, die William James, der Begründer der

Psychologie in den USA, entwickelte. James definierte den Selbstwert eines Menschen als Quotient aus den Erfolgen und Ansprüchen einer Person:

$$\frac{\text{Erfolge}}{\text{Ansprüche}} = \text{Selbstwert}$$

Abbildung 1

Thomsen macht von dieser Formel Gebrauch, indem er den Zähler *Erfolge* durch alle Fakten ersetzt, die uns das Leben im positiven Sinn zuteilwerden lässt. Den Nenner *Ansprüche* ersetzt er durch Erwartungen. Daraus ergibt sich die folgende Formel:

$$\frac{\text{Fakten}}{\text{Erwartungen}} = \text{Zufriedenheit}$$

Abbildung 2

Demzufolge ist eine Steigerung der Zufriedenheit zu erreichen, indem man entweder den Zähler *Fakten* erhöht (zum Beispiel durch den Erwerb von Gütern) oder den Nenner *Erwartungen* (Ansprüche) verkleinert.

Glück in Gott

In den großen Weltreligionen ist Glück ein göttliches Erlebnis: Man ist Gott besonders nah und überwindet die Grenzen des Lebens auf der Erde. Im Neuen Testament, dem wichtigsten Buch des Christentums, ist das Glück dem »Heil«, der »Seligkeit« oder der »Freude« gleichzusetzen. So wird zum Beispiel in Vers 9 des fünften Kapitels des Matthäusevangeliums formuliert: »Selig sind die Friedfertigen, denn sie werden Gottes Kinder heißen.« Das wichtigste Gebot ist, Gott, sich selbst und andere Menschen zu lieben. Glück bedeutet im Christentum aber immer auch Schmerz: Jesus musste viel Leid ertragen und sogar sterben, um die Menschen zu erlösen. Das Glück im Diesseits ist immer eingeschränkt: Vollkommenes Glück erfahren die Christen nur nach dem Tod, wenn sie in das Reich Gottes eingehen.

Die einzige Weltreligion, in der man auch im Diesseits glücklich werden kann, ist das Judentum. Dort wird das Glück als Geschenk Gottes verstanden. Der Mensch kann dazu beitragen, dieses Glück zu erlangen, indem er ein gottgefälliges Leben führt: »Du zeigst mir den Weg, der zum Leben führt. Du beschenkst mich mit Freude, denn du bist bei mir. Ich kann mein Glück nicht fassen, nie hört es auf« (Psalm 16,11).

Für Muslime ist der Tag der Auferstehung der Tag des Glücks: Dann bewertet Allah das Leben eines Menschen und entscheidet darüber, ob dieser ins Paradies eintreten kann – das höchste Ziel im Islam. Abgesehen vom Leben nach dem Tod existieren im Islam unterschiedliche Theorien über das Glück. Allen gemein ist die Überzeugung, dass das wahre Glück nur durch den Willen Gottes möglich ist: »Allahs Wohlgefallen aber ist das größte. Das ist die höchste Glückseligkeit« (Sure 9, Vers 72). Der Mensch kann dazu beitragen, indem er maßvoll lebt, seine Selbstsucht unterdrückt und die fünf Grundpflichten des Islam erfüllt: sich zu Gott bekennen, beten, für die Bedürftigen spenden, fasten und pilgern. Nach Auffassung des Islam kann ein Mensch, der ein tugendhaftes Leben führt, nicht unglücklich sein.

Im Hinduismus ist es das höchste Glück, den Kreislauf von Leben, Tod und Wiedergeburt zu verlassen und sich in der göttlichen Kraft aufzulösen. Um diesen Zustand zu erreichen, muss der Mensch schlechte Eigenschaften wie Hochmut, Selbstsucht und Angeberei ablegen. Das kann auf verschiedenen Wegen erfolgen:

– Der Weg des Verzichts: Man lebt als Bettler oder Pilger, materieller Besitz ist unwichtig. In Indien zählen die asketisch lebenden, in Orange gekleideten Sannyasins zu den Gläubigen, die diesen Weg verfolgen.

- Der Weg der Gottesliebe: Man betet Gott an. Im Hinduismus gibt es viele Formen der Gottesverehrung und eine Vielzahl von Göttern. Die Göttin des Glücks ist Lakshmi.

- Der Weg des selbstlosen Handelns: Alles Tun erfolgt, ohne Erfolg, Anerkennung oder Dank zu erwarten, man handelt nur zum Wohlgefallen Gottes.

Über das Glück im Buddhismus siehe *Philosophien des Glücks: Glück im Buddhismus*

Positive Psychologie

▶ *Martin Seligman (1942): Glück ist machbar.*

Der US-amerikanische Psychologe Martin Seligman machte in seiner Praxiszeit eine frustrierende Erfahrung: Er behandelte Menschen, denen es schlecht ging, überzeugt davon, dass diese glücklich sein würden, wenn sie von ihrem Leid befreit wären. Tatsächlich aber empfanden seine Patienten nach der Behandlung kein Glück, sondern innere Leere: Nicht unglücklich zu sein bedeutet eben noch lange nicht, glücklich zu sein.

Im Januar 2000 veröffentlichte Seligman in Zusammenarbeit mit Mihaly Csikszentmihalyi zu diesem Thema einen

Artikel in der offiziellen wissenschaftlichen Zeitschrift der American Psychological Association. Die darin formulierten Feststellungen erzielten so große Resonanz, dass innerhalb von fünf Jahren die neue Forschungsrichtung der Positiven Psychologie entstand. Der Richtungswechsel basierte auf einer einfachen Erkenntnis: Bis dato hatte sich die gesamte Psychologie noch nie damit beschäftigt, was das Leben lebenswert macht. Zwar hatte die Forschung in Bereichen wie Depression, Rassismus, Gewalt und mangelndem Selbstwert große Fortschritte gemacht, aber man wusste so gut wie nichts darüber, was die Menschen glücklich macht. Ziel der Positiven Psychologie (nicht zu verwechseln mit der esoterischen Richtung des »positiven Denkens«) ist die Erhaltung von Lebensfreude, Achtsamkeit, Kreativität, Neugierde und Selbstvertrauen.

Seligman geht davon aus, dass Lebensglück und Zufriedenheit von einer grundsätzlich optimistischen Erwartungshaltung abhängen, die erlernt werden kann. Die Positive Psychologie hat drei Hauptgebiete:

– Erforschung der positiven Emotionen
– Erforschung von positiven Charaktereigenschaften
– Erforschung förderlicher Strukturen

Steven Reiss' Lebensmotive

▸ *Steven Reiss (1947): Glück ist die Befriedigung von Lebensmotiven.*

Nach der wissenschaftlich umstrittenen Theorie von Steven Reiss lassen sich die psychologischen Bedürfnisse der Menschen als 16 Lebensmotive beschreiben. Diese Motive bestimmen unser Verhalten und sind bei jedem Menschen unterschiedlich stark ausgeprägt. Nach Meinung des Forschers hängt das persönliche Glück jedoch nicht davon ab, welche Motive stärker oder schwächer ausgeprägt sind, sondern sich dessen bewusst zu werden, welche Motive einem selbst am wichtigsten sind, um sich ganz darauf konzentrieren und dadurch Glück erleben zu können. Die Lebensmotive nach Reiss sind:

– Macht
   Gibt Auskunft darüber, ob jemandem das Führen oder eher das Übernehmen von Dienstleistung wichtig ist

– Unabhängigkeit
   Sagt aus, wie jemand seine Verbundenheit zu anderen Menschen gestaltet

- Neugier
  Macht eine Aussage darüber, welche Bedeutung das Thema Wissen für einen Menschen hat und wozu er es erwerben möchte

- Anerkennung
  Sagt aus, durch wen oder was jemand sein positives Selbstbild aufbaut

- Ordnung
  Bezeichnet das Ausmaß von Strukturiertheit oder Flexibilität, das ein Mensch benötigt

- Sparen/Sammeln
  Sagt aus, wie viel es jemandem emotional bedeutet, Dinge zu besitzen

- Ehre
  Klärt, ob jemand eher nach Prinzipientreue strebt oder zweckorientiert ist

- Idealismus
  Gibt Auskunft darüber, wie viel Bedeutung Verantwortung in Bezug auf Fairness und soziale Gerechtigkeit für einen Menschen hat

- Beziehungen
  Stellt dar, welche Bedeutung soziale Kontakte haben und in welcher Anzahl diese vorliegen

- Familie
  Gibt Auskunft darüber, welche Bedeutung Fürsorglichkeit für jemanden hat

- Status
  Beschreibt, ob jemand lieber im elitären Sinn als »erkennbar anders« wahrgenommen werden will oder lieber unauffällig und wie die anderen ist

- Rache/Kampf
  Charakterisiert den Vergleich mit anderen in Bezug auf Aggression und Vergeltung einerseits sowie Harmonie und Konfliktvermeidung andererseits

- Eros
  Gibt Auskunft über die Bedeutung von Sinnlichkeit im Leben eines Menschen (außer der Sexualität gehören dazu auch andere Aspekte der Sinnlichkeit wie Design, Kunst und Schönheit)

- Essen
  Sagt aus, wie viel der Genuss an Essen zur Lebenszufriedenheit beiträgt

- Körperliche Aktivität
  Beschreibt, wie wichtig zum Beispiel Sport und Arbeit im Leben eines Menschen sind

- Emotionale Ruhe
  Fragt nach der Bedeutung stabiler, emotionaler Verhältnisse für die Lebenszufriedenheit

Glück in der Liebe

Die Glücksforschung weiß um die Bedeutung des Zusammenspiels der Faktoren *Haben, Lieben* und *Sein*. Die einzelnen Punkte können zwar unterschiedlich gewichtet sein, verzichtbar ist jedoch keiner. Der Faktor »Lieben« bezieht sich auf Partnerschaft, Freunde und Familie. Forscher haben entdeckt, dass die Menschen, die in einer langen, stabilen Beziehung leben, am glücklichsten sind und dass das Glück mit einem Partner sogar noch das Glück durch Familie übertrifft. Dabei wandelt sich die anfänglich romantische Liebe im Idealfall in eine »Liebende Begegnung«. Das wirkt sich auch positiv auf die Gesundheit aus: Zufriedene Partner leben im Durchschnitt vier Jahre länger und bei glücklich Verheirateten ist das Erkrankungsrisiko etwa 35 Prozent niedriger.

Der Psychologe und Psychoanalytiker Richard Erskine benennt acht Beziehungsbedürfnisse, die dem Menschen innewohnen und gelegentlich nach Befriedigung verlangen:

1. Das Bedürfnis nach Sicherheit
   (in der körperlichen und emotionalen Verletzlichkeit aufgehoben sein)

2. Das Bedürfnis, in der Beziehung wertgeschätzt und bestätigt zu werden und bedeutsam zu sein
   (in den eigenen Gefühlen verstanden werden)

3. Das Bedürfnis, von einer starken, verlässlich zugewandten, schützenden Person angenommen zu sein
   (den Partner als starke Person erleben, die Orientierung, Schutz und Ermutigung spenden kann)

4. Das Bedürfnis nach Bestätigung persönlicher Erfahrungen
   (Gefühl der geteilten Erfahrungen, der Übereinstimmung)

5. Das Bedürfnis, in der eigenen Einzigartigkeit wahrgenommen und respektiert zu werden
   (auch bei Meinungsverschiedenheiten in der eigenen Individualität vom Partner angenommen werden)

6. Das Bedürfnis, auf den Partner Einfluss zu haben
(den Partner dazu veranlassen können, anders zu handeln, und emotionale Reaktionen hervorrufen können)

7. Das Bedürfnis, dass auch der andere die Initiative ergreift
(durch den Partner erfahrene Hinwendung drückt dessen Wertschätzung aus)

8. Das Bedürfnis, Liebe auszudrücken
(Fürsorge, Dankbarkeit und Wertschätzung zeigen, für den anderen etwas tun wollen)

Werden diese Bedürfnisse erfüllt, erfährt der Mensch Liebe.

GLÜCK UND GESELLSCHAFT

Das Easterlin-Paradox

Der amerikanische Ökonom Richard Easterlin wertete im Jahr 1973 Umfragen aus, die von 1946 bis 1970 durchgeführt worden waren und sich mit dem Zusammenhang zwischen dem Einkommen der Befragten und deren subjektiver Lebenszufriedenheit beschäftigten. Bei der Untersuchung der in den USA ermittelten Angaben fiel ihm auf, dass sich trotz des stark gestiegenen materiellen Wohlstands keine Zunahme der durchschnittlichen Lebenszufriedenheit eingestellt hatte. Dieses Ergebnis deckt sich mit jüngeren Erhebungen und belegt eine mehr als 60 Jahre andauernde Stagnation der Zufriedenheit der US-amerikanischen Bevölkerung. Da die Umfragen auch in 18 weiteren Ländern durchgeführt worden waren, war ein internationaler Vergleich möglich. Das Ergebnis dieser Auswertung stellt die Forschung bis heute vor ein Rätsel: Zwar war *innerhalb* eines jeden Landes ein deutlicher Zusammenhang zwischen Einkommen und Lebenszufriedenheit feststellbar, im internationalen Vergleich aber existierte ein solcher Zusammenhang nicht. Die Bewohner reicher Länder waren also nicht oder nur in geringem Ausmaß zufriedener mit ihrem Leben als die Einwohner armer Länder – solange die Grundbedürfnisse nach Essen, Trinken, einem Dach über dem Kopf und einem gewaltfreien Leben gesichert waren. So ergaben die Studien beispielsweise, dass sich die Uruguayer glücklicher fühlen als die fünfmal reicheren Luxemburger.

Easterlin konnte seine Theorie im Jahr 2010 untermauern, indem er Studien auswertete, die über 22 Jahre in 37 Ländern das Verhältnis von Zufriedenheit und Einkommen erfasst hatten. Besonders eindrucksvoll waren die für Chile, China und Südkorea gewonnenen Ergebnisse: Obwohl sich in diesen Ländern das Pro-Kopf-Einkommen in nicht einmal 20 Jahren verdoppelt hatte, war keine entsprechende Zunahme der Lebenszufriedenheit zu verzeichnen – diese hatte im Gegenteil sogar leicht abgenommen. Easterlin stellte aufgrund seiner Untersuchungen die Ausrichtung der Politik auf Wirtschaftswachstum infrage.

Glück statt Wirtschaftswachstum

Das einzige Land, das als Ziel seiner Politik nicht Wirtschaftswachstum, sondern das Glück seiner Einwohner angibt, ist Bhutan. Das kleine Königreich liegt im Himalaja und grenzt an China und Indien. Es ist in etwa so groß wie die Schweiz und hat rund 73 300 Einwohner, von denen 70 Prozent Bauern sind. Bhutan ist eines der ärmsten Länder der Erde. 1979 gebrauchte der damalige König von Buthan erstmals den Begriff »Bruttonationalglück«, um zu verdeutlichen, dass seine Wirtschaftspolitik ganz auf die kulturellen und buddhistischen Werte des Landes ausgerichtet war. Bis heute wacht und forscht in Bhutan eine Staatskommission über das Bruttonationalglück. Als dessen vier tragende Säulen wurden definiert:

1. Die Förderung einer sozial gerechten Gesellschafts- und Wirtschaftsentwicklung

2. Die Bewahrung und Förderung kultureller Werte

3. Der Schutz der Umwelt

4. Gute Regierungs- und Verwaltungsstrukturen

Kommt die Kommission beispielsweise zu dem Ergebnis, dass ein Sägewerk zwar hohe Umsätze erzielt, aber für den Holzbedarf zu viel Wald zerstört, wird das Werk zum Schutz der Umwelt geschlossen. In Bhutan wird der kapitalistische Westen mit einem Haus verglichen, das nur auf einer Säule steht: der Wirtschaftsentwicklung.

In einer Umfrage bezeichneten sich 88 Prozent der Einwohner Bhutans als glücklich. Das unabhängige Centre for Bhutan Studies & GNH Research forscht zum Thema Bruttonationalglück und berät die Regierung. Der Leiter des Instituts führt das Glück der Bevölkerung auf mehrere Faktoren zurück:

- In Bhutan lernen Kinder ab sechs Jahren zu meditieren, um eine ruhige positive Haltung zu entwickeln und der Rastlosigkeit zu entkommen.

- Psychisches Wohlbefinden, eine ausgewogene Zeitnutzung, kulturelle Vielfalt, vitale Gemeinschaften, gute Regierungsführung, eine widerstandsfähige Umwelt, Bildung, Gesundheit und ein angemessener Lebensstandard

- Glück wird als kollektives Gefühl verstanden, das nur entstehen kann, wenn die Beziehungen zwischen den Menschen gut funktionieren.

- Jede Entscheidung des Parlaments wird daraufhin geprüft, ob sie die Bewohner glücklicher macht.

Sind Asiaten weniger glücklich?

Ein Team von Psychologen unter der Leitung von Derrick Wirtz von der East California University untersuchte die Unterschiede im Glücksempfinden zwischen Asiaten und den Bewohnern westlicher Länder. Ausgangspunkt war die Beobachtung, dass die Menschen in Fernost weniger glücklich zu sein schienen als jene im Westen.

Wirtz konstatierte, dass für die Einwohner westlicher Länder Glück eine überwiegend individuelle Angelegenheit ist. Erfolg haben und Erfolge zelebrieren ist bei ihnen eine Hauptquelle des Selbstwertgefühls. In östlichen Kulturen dagegen steht die Notwendigkeit, sich anzupassen und seinen gesellschaftlichen Verpflichtungen nachzukommen, im Vordergrund: Es wird als Pflicht angesehen, sich nicht nur der eigenen Stärken, sondern auch der persönlichen Schwächen bewusst zu sein, um fleißig und ausdauernd aus Fehlern zu lernen.

Diesen Unterschied wiesen auch Forscher um Steven Heine und Shinobu Kitayama nach. In einem Experiment ließen die Wissenschaftler kanadische und japanische Studenten an einem vermeintlichen Kreativitätstest arbeiten: Es stellte sich heraus, dass sich die kanadischen Studenten nach positivem Feedback noch mehr anstrengten – die Stärkung ihres Selbstwertgefühls motivierte sie. Die japanischen Studenten hingegen verstärkten ihre Anstrengung, wenn sie eine negative Rückmeldung bekamen.

In einem weiteren Experiment konnten Wirtz und seine Mitstreiter feststellen, dass die Studenten sich auch hinsichtlich ihrer Emotionen unterschieden: Zwei Gruppen von Studenten mit einerseits asiatischer und andererseits europäischer Abstammung wurden in ihren Semesterferien mehrmals am Tag nach ihrer Gefühlslage gefragt. Dabei unterschieden sich die asiatischen und die westlichen Studenten in der Häufigkeit und Intensität ihres Glücksempfindens kaum. Als die Teilnehmer jedoch vier Wochen nach dem Ende ihrer Ferien erneut befragt wurden, stellte sich heraus, dass sich die westlichen Studenten hauptsächlich an die schönen Momente erinnerten und diese überhöhten – sie hatten eine rosa Brille auf. Die Asiaten dagegen werteten positive und negative Erlebnisse gleichermaßen und machten sich ein Gesamtbild.

In einer anderen Studie mussten japanische und amerikanische Studenten jeden Abend ein positives und ein negatives Ereignis ihres Tages festhalten und beurteilen, zu welchem Anteil dieses Ereignis auf ihr eigenes Wirken oder auf das von anderen zurückzuführen war. Das Ergebnis war, dass die Japaner positive Erlebnisse stärker auf den Einfluss anderer zurückführten, da ihnen dies ein wichtiges Gefühl von Harmonie im Zusammenleben mit ihrer Familie und ihren Freunden vermittelte. Die amerikanischen Studenten hingegen zielten stärker auf ihren eigenen Anteil ab – je mehr sie diesen betonen konnten, desto zufriedener waren sie.

WHR – Das Glück international

Seit dem Jahr 2012 erstellt und veröffentlicht ein Team von internationalen Wissenschaftlern verschiedenster Fachrichtungen im Auftrag der UNO den World Happiness Report, kurz WHR. Das durch Bhutan inspirierte Projekt hat zum Ziel, eine Datengrundlage zu schaffen, die Staaten hilft, ihre Bevölkerung glücklicher zu machen.

Der Bericht verbindet in den Sozialsystemen und auf dem Arbeitsmarkt erfasste Daten mit Befragungen. in denen Menschen aus der Bevölkerung ihre persönliche Einschätzung abgeben können. So entsteht ein Überblick über den aktuellen Glückszustand weltweit und es werden Anhaltspunkte geliefert, wie das Wohlbefinden der Bevölkerung in den einzelnen Staaten gesteigert werden kann. Insgesamt werden 158 Länder hinsichtlich der Faktoren Einkommen, Lebenserwartung, soziales Netz und gefühlte Freiheit verglichen.

Drei Viertel der Unterschiede zwischen den Ländern sind auf Unterschiede bei sechs Schlüsselvariablen zurückzuführen:

- Pro-Kopf-Bruttoinlandsprodukt
- zu erwartende gesunde Lebensjahre
- soziale Unterstützung
- Vertrauen
- empfundene Freiheit beim Treffen von Lebensentscheidungen
- Großzügigkeit.

Die drei wichtigsten Faktoren sind dabei die soziale Unterstützung, das Einkommen und die zu erwartenden gesunden Lebensjahre.

Im jüngsten Bericht von 2015 sind sieben der glücklichsten zehn Länder kleine oder mittelgroße Staaten in Westeuropa, die Schweiz liegt auf Platz eins, gefolgt von Island, Dänemark, Norwegen und Kanada. Auf den Plätzen fünf bis zehn landeten Finnland, die Niederlande, Schweden, Neuseeland und Australien. Die USA belegen in der Rangliste hinter Mexiko den 15. Platz, Deutschland liegt auf Platz 26, Frankreich auf Platz 29. Auf den hintersten Plätzen befinden sich Länder, in denen Krieg und Gewalt herrschen: Afghanistan, Syrien und acht afrikanische Staaten.

Als bisher »interessanteste Reaktion« auf den Report von 2015 wird die von Angela Merkel erachtet: Die Bundeskanzlerin startete den Bürgerdialog »Gut leben in Deutschland – was uns wichtig ist«, um einen Regierungsbericht über die Lebensqualität in Deutschland zu verfassen und einen Aktionsplan zu Verbesserung derselben zu erstellen.

Das Glück der Gleichheit

Die britischen Gesundheitswissenschaftler Kate Pickett und Richard Wilkinson werteten über Jahre die Sozialstudien von 21 Industrienationen im Hinblick auf die Unterschiede in der Einkommensverteilung aus. Dabei stellte sich heraus, dass in Ländern, in denen die Kluft zwischen Arm und Reich größer ist, auch mehr soziale Probleme herrschen. Kriminalität, Gewalt, Drogenmissbrauch, schlechte Gesundheit, Fettleibigkeit, niedriger Bildungsstand, geringe Lebenserwartung, psychische Erkrankungen und Sucht: In Staaten mit einer stark ungleichen Einkommensverteilung waren all diese Nachteile deutlich stärker zu verzeichnen. Ihre Bürger starben früher und waren unglücklicher. In Ländern, in denen Einkommensungleichheit herrscht, ist die Anzahl an Tötungsdelikten zehnmal höher als in Staaten mit ausgeglichenen Verhältnissen, die Zahl der psychisch Kranken ist dreimal so groß und sechs- bis achtmal mehr Teenager bringen Kinder zur Welt.

Da in den USA, in Portugal und Großbritannien die Kluft zwischen Arm und Reich am größten ist, tritt diese Problematik dort auch am stärksten auf. In Japan und den skandinavischen Ländern gibt es geringere Gehaltsunterschiede. Das gilt auch für Schweden, denn hier wird die Angleichung durch das Steuersystem erreicht. Deutschland liegt ungefähr in der Mitte. Laut Wilkinson löst die Ungleichheit Statusängste und Stress aus, die sich in Gewalttaten entladen und gesundheitliche Probleme verursachen – die auch die Mittelklasse und die Reichen betreffen. Kate Pickett leitet daraus ab: Macht die Gesellschaften gerechter. Das ist kostengünstiger und macht die Menschen glücklicher.

Das Tal des Glücks

Die Ökonomen David Blanchflower und Andrew Oswald untersuchten die Datensätze zur Lebenszufriedenheit von mehr als einer Million Personen aus über 70 Ländern. Sie folgten dabei der Theorie, dass das psychische Wohlbefinden der Bevölkerung eine Art U-Kurve beschreibt. Bis zu diesem Zeitpunkt war man davon ausgegangen, dass das Glück, sobald es sich auf einem gewissen Level eingependelt hat, im Lauf des Lebens konstant bleibt oder sich nur minimal verändert.

2007 veröffentlichten die beiden Forscher ihre Ergebnisse, die besagen, dass die Zufriedenheit der Menschen ab dem Lebensalter um Mitte 30 sinkt, mit 45 bis 50 eine Talsohle erreicht und dann wieder ansteigt. In Europa tritt dieser Tiefpunkt im Alter von 46, in Schwellenländern mit 43 Jahren auf. Menschen ab 65 Jahre sind im Allgemeinen so glücklich wie 30-Jährige, erst kurz vor dem Tod sinkt der Level wieder ab.

Über die Ursachen der Abnahme der Lebenszufriedenheit bei Menschen mittleren Alters wird spekuliert. Denkbar wäre, dass die Einschränkung von Entscheidungsmöglichkeiten eine Rolle spielt – viele Türen schließen sich in dieser Zeit für immer. Die Hormone verändern sich, Frauen kommen in die Wechseljahre und Männer haben mit einem sinkenden Testosteronspiegel zu kämpfen. Die eigenen Eltern werden alt oder sterben. All diese Faktoren machen die Endlichkeit des eigenen Lebens deutlicher bewusst. Im Volksmund ist die sogenannte Midlife-Crisis bekannt, die bei Menschen im Alter von etwa 40 auftreten kann: In dem Gefühl, die Halbzeit ihres Lebens erreicht zu haben, stellen sich viele die Frage »War das schon alles?« und stürzen in eine Sinnkrise.

Glück in Deutschland

Die Deutsche Post gibt seit 2010 jährlich eine Studie in Auftrag, die das Glücksniveau in Deutschland untersucht und auch regionale Unterschiede misst. Die zugrunde liegenden Daten stammen aus dem SOEP (Sozio-oekonomisches Panel) – einer seit 1984 jährlich stattfindenden Befragung von über 12000 zufällig ausgewählten Privathaushalten – und einer Umfrage des Instituts für Demoskopie Allensbach.

Im Jahr 2014 ergab sich nach Auswertung der Daten, dass das Zufriedenheitslevel der Deutschen auf einer Skala von 0 bis 10 bei 7,0 liegt – zum vierten Mal in Folge und damit auch der längste Zeitraum mit einem solch hohen Niveau. 2004 hatte der Wert noch bei 6,6 gelegen. 2015 wurde sogar noch ein leichter Anstieg auf den Wert 7,02 verzeichnet. Für die Verhältnisse innerhalb Deutschlands liefert der »Glücksatlas« das Ergebnis, dass der Norden glücklicher ist als der Rest: Schleswig-Holstein ist mit einem Wert von 7,3 die zufriedenste Region, gefolgt von Hamburg und Niedersachsen/Nordsee. Den letzten Platz belegt Brandenburg mit 6,6, unmittelbar davor liegen Sachsen-Anhalt, Mecklenburg-Vorpommern und Thüringen. Damit machen die Erhebungen ebenfalls deutlich, dass in Sachen Glück ein Unterschied zwischen West und Ost besteht. 2015 ist dieser Abstand mit 0,15 Punkten jedoch relativ klein, 2014 hatte er noch 0,36 betragen. Ursachen für das niedrigere Glücksempfinden in Ostdeutschland sind höhere Arbeitslosigkeit und niedrigere Löhne.

Schleswig-Holstein	7,36
Baden	7,22
Niedersachsen/Nordsee	7,17
Hamburg	7,14
Franken	7,14
Hessen	7,13
Württemberg	7,12
Nordrhein/Düsseldorf	7,11
Niedersachsen/Hannover	7,08
Bayern (Süd)	7,07
Westfalen	7,07
Nordrhein/Köln	7,07
Rheinland-Pfalz/Saarland	7,05
Berlin	6,89
Sachsen	6,82
Thüringen	6,80
Brandenburg	6,76
Sachsen-Anhalt	6,69
Mecklenburg-Vorpommern	6,67

Rangliste 2011–2015

Glück ist direktdemokratisch

Der modernen Glücksforschung ist seit Längerem bekannt, dass Menschen, die (unter ansonsten gleichen Bedingungen) in Ländern mit umfassenden demokratischen Institutionen leben, wesentlich zufriedener sind als die Menschen in nichtdemokratischen Ländern. Die Wirtschaftswissenschaftler Bruno Frey und Alois Stutzer haben dieses Phänomen genauer untersucht und ihre Ergebnisse in einem 2002 im *Economic Journal* erschienenen Artikel veröffentlicht:

Die beiden Forscher verglichen Daten über die Lebenszufriedenheit von über 6000 Schweizern mit ihren jeweiligen Einflussmöglichkeiten auf das politische Geschehen. Dazu muss man wissen, dass diese Möglichkeiten in den 26 Kantonen der Schweiz stark variieren. So können beispielsweise die Bürgerinnen und Bürger im Kanton Genf nur in vergleichsweise wenigen Bereichen direkt mitentscheiden, im Kanton Basel-Landschaft hingegen haben die Einwohner in bedeutend mehr Fragen Mitbestimmungsrecht. Die Analyse von Stutzer und Frey ergab, dass die Menschen umso zufriedener waren, je größer der Umfang der direktdemokratischen Partizipationsmöglichkeiten war: je mehr Mitbestimmung, umso größer die Lebenszufriedenheit. Die Auswirkungen dieses Effekts sind nach den Untersuchungen der beiden Forscher beträchtlich: Wenn ein Schweizer von Genf nach Basel-Landschaft zieht, steigt seine Lebenszufriedenheit markant und übertriff bei Weitem den Zuwachs, der durch einen Aufstieg von der niedrigsten in die höchste Einkommensgruppe erreicht werden würde.

Stutzer und Frey untersuchten auch, ob sich bei zugezogenen Ausländern, die am selben Ort wohnten und die gleiche Infrastruktur nutzen konnten wie die Schweizer, aber nicht wählen durften, ein Zuwachs an Lebenszufriedenheit einstellte. Bei diesen war der Effekt lediglich minimal.

Kinder und Glück

Machen Kinder glücklicher? Dieser Frage gingen Angus Deaton von der Princeton University und Arthur Stein von der Stony Brook University nach, indem sie die Aussagen von fast drei Millionen Menschen auswerteten: von etwa 1,8 Millionen US-Bürgern, die im Zeitraum von 2008 bis 2012 befragt worden waren, und von 1,07 Millionen Menschen in 161 Ländern, bei denen von 2006 bis 2012 Umfragen durchgeführt worden waren.

Die groß angelegte Studie kommt zu dem Schluss: Kinder machen nicht glücklicher, in armen Ländern machen sie sogar unglücklicher. In den westlichen Industrieländern erreicht die Lebenszufriedenheit sowohl von Paaren mit als auch von Paaren ohne Kinder auf einer Skala von 0 (schlechtestmöglich) bis 10 (bestmöglich) annähernd den Wert 7 (nur in der Altersspanne von 34 bis 46 Jahren erzielten Eltern im Vergleich zu kinderlosen Paaren (6,51) den etwas höheren Wert von 6,84). Die Untersuchung basiert auf Fragen nach der persönlichen Einschätzung der Lebenszufriedenheit und den emotionalen Erfahrungen im täglichen Leben, Daraus lässt sich der Unterschied zwischen den beiden Gruppen erklären: Die Menschen mit Kindern berichteten von einer größeren Anzahl emotionaler Hochs und Tiefs in ihrem Leben.

Im Lauf des Elternlebens macht das Glück einige Achterbahnfahrten mit: Während der Schwangerschaft nimmt das Glück, das die Eltern in ihrer Beziehung erleben, ein wenig ab, wenn das Kind im Krabbelalter ist, sinkt es in den Keller. Danach nimmt das Glück wieder zu, aber nur bis der Nachwuchs in die Pubertät kommt – dann erreicht es den totalen Tiefstand und liegt etwa zehn Prozent unter dem »Normallevel«. Daraus kann man folgern, dass Kinder im Teenageralter noch anstrengender sind als Kleinkinder – der Stress, den das Pubertätsgebaren bei den Eltern verursacht, wiegt noch schwerer als der in den ersten Jahren erlittene Schlafmangel. Sind die Kinder aus dem Haus, stellt sich die gleiche Zufriedenheit ein, die vor der Elternschaft bestand.

GLÜCK IST LERNBAR

Pawlows Hunde

Der russische Physiologe Iwan Pawlow legte 1905 kleine Schläuche in die Mäuler seiner Laborhunde, um ihren Speichelfluss zu messen. Bekamen die Hunde Futter präsentiert, fingen sie wie erwartet an, Speichel zu produzieren. Wurde eine Glocke geläutet, zeigten die Tiere nur Neugier als Reaktion. Im zweiten Schritt erklang die Glocke immer dann, wenn Futter gebracht wurde, und bei den Hunden setzte Speichelfluss ein. Nachdem die Kombination aus Glocken- und Futterreiz mehrmals wiederholt worden war, begannen die Hunde auch bei dem Glockenton allein Speichel zu produzieren – in den Gehirnen der Tiere war eine neue Verbindung entstanden.

Die meisten Übungen und Ratgeber sowie der populäre Satz »Glück ist lernbar« basieren auf dem Prinzip, das bei den Pawlowschen Hunden zum Tragen kam: Werden zur gleichen Zeit die Nervenzellen (Neuronen), die für

Futter zuständig sind, und die Nervenzellen, die auf die Glocke ansprechen, aktiviert, entsteht eine Verbindung (Synapse) zwischen ihnen. Diese Verbindung festigt sich immer weiter, je öfter sie wiederholt wird. Das führt dazu, dass es schließlich genügt, nur eine der beiden Neuronen zu stimulieren, damit beide reagieren. Die Neuronen in unserem Gehirn passen sich dem Geschehen an. Das Entstehen neuer Verbindungen ist das, was wir als Lernen bezeichnen – ein Vorgang, der unser Gehirn verändert. Dieser Zuwachs erfolgt permanent und schnell und ist unter dem Mikroskop sichtbar. Positive Gefühle ebenso wie negative sind letztlich nichts anderes als Reize, die auf die Nervenzellen treffen. Übungen, die auf diesen Erkenntnissen beruhen, haben zum Ziel, durch häufiges Wiederholen positiver Sichtweisen eine positive Grundeinstellung zu stärken. Dazu dienen zum Beispiel Glückstagebücher, in denen freudige Erlebnisse oder schöne Momente festgehalten werden. Außerdem stärkt die Dankbarkeit, die man angesichts der erfahrenen Glücksmomente empfindet, die Zufriedenheit.

Der römische Kaiser Mark Aurel notierte: »Wie die Gedanken sind, die du am häufigsten denkst, ganz so ist auch deine Gesinnung. Denn von den Gedanken wird die Seele gesättigt.« An anderer Stelle hielt er fest: »Auf die Dauer der Zeit nimmt die Seele die Farbe der Gedanken an.«

Gewohnheiten verankern

An einem Tag hat ein erwachsener Mensch circa 30 000 Gedanken. 84 bis 92 Prozent davon haben ihn bereits am Vortag beschäftigt und davon wiederum sind 82 bis 90 Prozent negativ. Gleichzeitig investieren die meisten Menschen wesentlich mehr Lebenszeit in Dinge, die erwiesenermaßen nicht (oder nur sehr kurz) glücklich machen, als in Dinge, die viel Glück bescheren. Obwohl die Wissenschaft herausgefunden hat, was Menschen glücklich macht, und obwohl viele gern glücklicher sein möchten, fällt die Umsetzung dieses Wissens schwer, da sie eine Umstrukturierung des Alltags bedeuten würde. Wer sein Leben ändern will, muss die Dinge ändern, die er jeden Tag tut, denn: »How we spend our days is of course how we spend our lives.« (Annie Dillard)

Gewohnheiten geben dem Tag Struktur. Nahezu die Hälfte der Dinge, die wir an einem Tag tun, machen wir am nächsten Tag wieder, weil sie zur Routine gehören. Diese Dinge werden nicht infrage gestellt, sie laufen einfach ab, ohne dass wir eine bewusste Entscheidung treffen. Unser Gehirn ist darauf ausgerichtet, Gewohnheiten zu etablieren, denn das spart Energie und gibt uns die Möglichkeit, uns mit wichtigeren Angelegenheiten zu beschäftigen. Deswegen widerstrebt es uns so sehr, Gewohnheiten zu verändern – das erkennt man allein schon daran, wie unwirsch Menschen reagieren, wenn man ihnen die morgendliche Routine des Kaffeetrinkens entzieht. Da sich Gewohnheiten ganz von selbst einschleifen, ist es wichtig, diese bewusst zu gestalten.

Im Schnitt sind es um die zwölf Gewohnheiten, die den Tag bestimmen, zum Beispiel die Routine des Schlafens, des Frühstücks, der Arbeit, der Mittagspause, der Spaziergang mit dem Hund, das Einkaufen und Kochen, das Treffen mit Freunden auf ein Bier und einiges mehr. Um das eigene Leben zu verändern, muss man seine Gewohnheiten ändern. Welche Gewohnheiten davon betroffen sind und welche neue Richtung sie nehmen sollen, hängt von der Persönlichkeit jedes Einzelnen ab. Vielen kreativen Köpfen ist gemein, dass sie eine strenge Routine pflegen und unbedingt an dieser festhalten.

Ärger loslassen

Lange Zeit ging man davon aus, dass sich Ärger in einem Menschen anstaut und dieser, vergleichbar mit einem Dampfkochtopf, zu explodieren droht, wenn nicht rechtzeitig etwas Wut abgelassen wird. Diese Annahme ist aber falsch. Ärger ist als negative Emotion und diese wiederum als Reiz zu verstehen – ähnlich dem Glockenreiz, wie er im Kapitel über die Pawlowschen Hunde beschrieben wurde. Da unser Gehirn auf Reize, die sich oft wiederholen, reagiert und sich dementsprechend verändert (Neuroplastizität), hat es einen negativen Effekt, wenn man dem Ärger nachgibt und sich womöglich noch in die Wut hineinsteigert: Man legt dadurch im Hirn eine Art Schnellstraße zu diesem Gefühl an und gerät in der Folge noch leichter in Rage. Wer in der Lage ist, alltägliche Ärgernisse zu erkennen, sie dann aber beiseitezulassen, der ärgert sich nicht.

Wichtig ist, dass es sich tatsächlich um banale Ärgernisse handelt und nicht um ernsthafte Probleme wie zum Beispiel Schwierigkeiten in der Partnerschaft, Mobbing seitens der Arbeitskollegen oder die Unzufriedenheit mit dem eigenen Beruf. Probleme verlangen Aufmerksamkeit und Lösung.

Die vielen kleinen Ärgernisse des Alltags jedoch – ein verpasster Zug, ein Fleck auf der Hose oder ein abgebrochener Absatz – wischt man besser beiseite. Das bedeutet nicht, den Ärger zu unterdrücken und im Inneren weiter brodeln zu lassen, sondern ihn zwar zu bemerken, aber bewusst loszulassen. Der Neurowissenschaftler Richard Davidson konnte sogar nachweisen, dass Ärger, dem nachgegeben wird, wesentlich länger andauert und dass es mit ein wenig Übung möglich ist, ihn abzuschalten. Eine buddhistische Weisheit lautet: »An seinem Ärger festzuhalten ist genauso, wie eine glühende Kohle in die Hand zu nehmen, um sie nach jemandem zu werfen.«

Achtsamkeit

Achtsamkeit ist eine besondere Art der Aufmerksamkeit. Sie ist mit dem Buddhismus, in dem das Erlernen von Achtsamkeit eine wichtige Rolle spielt, in den Westen gekommen.

Achtsamkeit bedeutet die Konzentration auf den Moment. Die Gedanken bleiben beim gegenwärtigen Geschehen, schweifen nicht ab und sind nicht schon einen Schritt voraus. Achtsamkeit ist Aufmerksamkeit, die sich selbst mit Aufmerksamkeit betrachtet. Derjenige, dessen Aufmerksamkeit erkennt, dass sie gerade aktiv ist, ist achtsam. Achtsamkeit strebt nichts an, sie sieht einfach, was bereits da ist.

Eine weitverbreitete Definition von Achtsamkeit ist:

- sie ist absichtsvoll/bewusst,
- sie bezieht sich auf den Moment,
- sie wertet nicht.

Ein häufiges Sich-bewusst-Werden hilft, die eigenen Gefühlslagen und ihre Auslöser zu erkennen, psychische

Fallstricke zu entlarven und das Glücksgefühl des Flow zu erleben.

Wer Achtsamkeit üben will, sollte mehrmals am Tag innehalten und beobachten, welche Sinneseindrücke, Gefühle und Gedanken(muster) und welches Körpergefühl er im Moment empfindet. Keine der Wahrnehmungen sollte bewertet werden, denn eine Beurteilung schränkt die Wahrnehmung ein.

Die Praxis der Achtsamkeit wird seit Jahren wissenschaftlich untersucht. Ihre positive Auswirkung auf die Stimmung, die Lebenszufriedenheit, die Emotionsregulation und das Ausmaß psychischer Symptome gilt als erwiesen. Die Regulation von Emotionen und eine erhöhte Selbstwahrnehmung sind bei vielen Übungen, die zur Steigerung des Glücks beitragen sollen, hilfreich.

Meister Eckhart formulierte treffend: »Die wichtigste Stunde ist immer die Gegenwart, der bedeutendste Mensch immer der, der dir gerade gegenübersteht, das notwendigste Werk ist stets die Liebe.«

Die Bindung macht's

Die vermutlich lang andauerndste Untersuchungsreihe der Welt ist die von der Harvard Medical School durchgeführte Grant Study. Diese erfasst die Daten von knapp 300 Absolventen der Hochschule aus den Jahrgängen 1939 bis 1944. Seit bald 80 Jahren geben die Teilnehmer alle zwei Jahre Auskunft über ihr Leben, sie werden von Psychologen befragt und alle fünf Jahre medizinisch untersucht. Ziel der Studie war es herauszufinden, was ein Leben gelingen lässt. Als Kriterien für ein positiv zu bewertendes Leben wurden das erreichte Alter, die psychische und physische Gesundheit und das Maß an Zufriedenheit festgelegt. Als Direktor der Studie fungiert seit 1967 der inzwischen über 80-jährige US-amerikanische Psychiater George Vaillant. Seiner Beobachtung nach haben etwa 25 Prozent der Teilnehmer ein gelungenes Leben geführt, das heißt, sie haben eine optimistische Grundhaltung behalten und blieben psychisch und physisch gesund.

Nach George Vaillant sind innige zwischenmenschliche Beziehungen das Wichtigste für ein gelungenes Leben. In seiner Studie waren die glücklichsten Teilnehmer zwei Männer, die als Lehrer Wissen weitergeben konnten, Familie hatten und 60 Jahre lang verheiratet waren. Generell waren jene, die sich in der Mitte des Lebens um andere kümmerten, um ihre Kinder oder ihre pflegebedürftigen Eltern, im Alter zufriedener. Laut Vaillant hat das Alter zudem den Vorteil, dass man sich von äußeren Reizen weniger beeindrucken lässt und empathischer wird. Auch dadurch steigt die Zufriedenheit, denn, so Vaillant »das Leben wird erst mit anderen schön«. Die Anzahl der Freunde ist dabei sekundär, wichtig ist die Qualität der Beziehungen.

Als Merkmale einer funktionierenden Freundschaft gelten:

- die Beziehung verfolgt keinen bestimmten Zweck, sondern existiert um ihrer selbst willen,
- man kann sich aufeinander verlassen,
- die Beziehung ist verbindlich,
- man fühlt sich akzeptiert, so wie man ist,
- man ist gleichberechtigt / auf Augenhöhe.

Älter werden

Die Psychologin Heather Lacey von der University of Michigan verglich in einer Studie die Lebenszufriedenheit von alten und jungen Menschen. Sie befragte mit ihrem Team über 540 Männer und Frauen, die entweder zwischen 21 und 40 oder über 60 Jahre alt waren. Alle Teilnehmer mussten einschätzen, wie glücklich sie zum Zeitpunkt der Befragung sowie im Alter von 30 Jahren und 70 Jahren waren beziehungsweise sein würden. Außerdem gaben sie eine Einschätzung zum durchschnittlichen Glücksgefühl der einzelnen Altersgruppen ab. Wie zu erwarten, gingen die Jüngeren davon aus, dass ältere Menschen weniger glücklich sind, und die Älteren gaben an, in ihrer Jugend glücklicher gewesen zu sein. Die weitere Auswertung der Erhebung brachte jedoch das Gegenteil hervor:

Tatsächlich bewerteten die älteren Teilnehmer ihre eigene Lebenszufriedenheit deutlich höher, als es die jungen Probanden vermutet hatten. Die Fehleinschätzung der beiden Gruppen ist auf eine Verklärung der eigenen Jugend seitens der älteren Menschen zurückzuführen sowie auf das Bild vom Alter, das sich die Jüngeren machen. Außerdem gingen die meisten davon aus, dass das Glück von äußeren Umständen abhängt. Dadurch erschien die Jugend als vom Glück begünstigte Lebenszeit. Tatsächlich aber hängt das Glück viel mehr von den eigenen emotionalen Ressourcen ab, die im Alter zunehmen. Deshalb können ältere Menschen zum Beispiel besser mit Rückschlägen fertig werden.

Entwicklungspsychologen fanden außerdem heraus, dass ältere Menschen besser mit ihren Gefühlen umgehen können und in schwierigen Situationen oftmals funktionaler reagieren. Sie sind gelassener und milder als die aufbrausende Jugend. Das fördert das Miteinander. Das Wissen um die Endlichkeit des Lebens in Kombination mit einer Verlangsamung des Lebensrhythmus führt zu einer Haltung, die Glück begünstigt: im Moment leben und genießen.

Selbstwirksamkeitserwartung

Unter Selbstwirksamkeitserwartung (SWE) ist die eigene Erwartung eines Menschen zu verstehen, aufgrund seiner Fähigkeiten Tätigkeiten erfolgreich ausführen zu können. Wer davon ausgeht, das eigene Leben kontrollieren zu können und auch schwierige Situationen kompetent zu meistern, wer sein eigenes Handeln als maßgeblich für sein Glück ansieht und Einfluss nehmen kann auf die Welt, hat eine hohe Selbstwirksamkeitserwartung – diese Menschen trauen sich etwas zu. Für das persönliche Glück ist die Selbstwirksamkeitserwartung wichtig: Sie gibt das Gefühl, das eigene Leben selbst steuern zu können, hilft, die eigenen Lebensziele zu erreichen, und sorgt für eine zufriedene Lebenseinstellung. Menschen, die äußere Umstände, das Schicksal oder den Zufall für das Gelingen von Aufgaben verantwortlich machen, haben eine geringe Selbstwirksamkeitserwartung.

Das Konzept der Selbstwirksamkeitserwartung wurde in den 1970er-Jahren von Albert Bandura entwickelt. Der kanadische Psychologe stellte fest, dass die subjektive Weltanschauung und Überzeugungen eines Menschen eine weitaus größere Rolle für dessen Motivation, Verhalten und Gefühle spielen als objektive Gegebenheiten. Bei gleichen Fähigkeiten erzielen Menschen mit höherer Selbstwirksamkeitserwartung deutlich bessere Ergebnisse als Menschen mit geringer Selbstwirksamkeitserwartung. Bandura benennt vier Quellen der Selbstwirksamkeitserwartung:

- Eigene Erfahrungen
 (Erfolgserlebnisse steigern die Selbstwirksamkeitserwartung. Das setzt voraus, dass man sich angemessenen Herausforderungen stellt und sich den Erfolg selbst zuschreibt.)

- Beobachten
 (Es kann helfen, anderen beim Lösen von Aufgaben zuzusehen. Je mehr Gemeinsamkeiten man mit der anderen Person hat, umso stärker ist der Effekt des »Wenn der das kann, kann ich das auch«.)

- Verbale Bestätigung
 (Wer sich selbst gut zuredet oder von anderen Bestärkung erhält, ist motivierter und traut sich mehr zu.)

- Körperliche Stressregulierung
 (Wer angesichts einer Herausforderung Schweißausbrüche und Herzrasen bekommt, deutet dies oft als Schwäche und beginnt zu zweifeln. Ein bewusstes Wahrnehmen und Entspannen kann Abhilfe schaffen.)

Bewegung

Ronald Duman und seine Kollegen von der Yale University wollten herausfinden, warum körperliche Bewegung die Stimmung hebt und sogar gegen Depressionen hilft. Dass Sport das Gehirn positiv beeinflusst, war zwar bekannt, doch dem zugrunde liegenden Mechanismus war man noch nicht auf die Spur gekommen.

Duman und seine Mitarbeiter teilten die Mäuse in ihrem Versuchslabor in zwei Gruppen ein. In dem einen Käfig installierten sie ein Laufrad, die Tiere im zweiten Käfig lebten weiter wie bisher. Schon nach einer Woche stellten die Wissenschaftler eine messbare Steigerung der Aktivität von 33 Genen im Hippocampus der sportlich aktiven Mäuse fest. Diese Hirnregion gehört zum limbischen System und ist bei Menschen mit depressiven Erkrankungen häufig verändert. Eine besondere Rolle schien bei den Mäusen das VGF-Gen zu spielen. Nachdem die Wissenschaftler dieses Gen auch den Versuchstieren verabreicht hatten, in deren Käfig sich kein Laufrad befand, zeigten diese wie ihre sportlichen Artgenossen einen gesteigerten Antrieb und ließen sich weniger leicht demotivieren.

Bewegung hat sich zu einer der bedeutendsten therapeutischen Strategien entwickelt. Nach Angaben des Neurologen und Psychologen Thomas Tölle hat eine Stunde

Laufen pro Woche dieselbe positive Wirkung wie die Einnahme von 100 Milligramm Betablockern pro Tag. Bewegungsmangel kann jedoch nicht nur psychische, sondern auch körperliche Probleme verursachen. Der menschliche Körper ist darauf ausgelegt, große Distanzen zurückzulegen: Der jagende und sammelnde Neandertaler bewältigte jeden Tag schätzungsweise 40 Kilometer. Heutzutage legt der Mensch durchschnittlich 1,5 Kilometer zu Fuß zurück.

Für alle, die an dieser Stelle endlich damit beginnen möchten, Sport zu treiben, ein kleiner Tipp: Nach ein paar Tagen meldet sich normalerweise – und zum Teil recht deutlich – der innere Schweinehund, der zum alten Programm zurückkehren möchte. Nach circa drei Wochen aber hat das Gehirn das neue Muster gelernt und die sportliche Betätigung fällt wieder leichter. Jogger berichten von einer meditativen Wirkung: Sobald das Laufen automatisch geschieht, verabschiedet sich das Großhirn in eine Art Kurzurlaub und lässt die Seele zur Ruhe kommen.

Gnothi seauton

Gnothi seauton (Γνωθι σεαυτόν) ist eine Inschrift am Apollotempel in Delphi. Sie stammt vermutlich aus dem 5. oder 6. Jahrhundert v. Chr. und bedeutet »Erkenne dich selbst«. Sie entstand ursprünglich, um den Menschen zu der Einsicht zu verhelfen, wie begrenzt sie im Vergleich zu den Göttern sind. Im Lauf der Zeit wurde der Spruch dann je nach zugrunde liegender Denkrichtung unterschiedlich ausgelegt: als Aufforderung, die eigene Unvollkommenheit zu erkennen, als Hinweis, sich der Verletzlichkeit des Menschen bewusst zu werden (Seneca), oder als Mahnung, im Einklang mit der Natur zu leben. Platon interpretierte die Inschrift im Zusammenhang mit seiner Philosophie der Selbsterkenntnis, nach der der Mensch sich seines eigenen Nichtwissens bewusst werden soll, und verstand sie als Aufforderung, dass der Mensch begreifen solle, was er sei – eine den Körper bewohnende, gottähnliche und unsterbliche Seele. Cicero war der Meinung, der Spruch beinhalte die Botschaft, das uns eigene Gute *(bona nostra)* zu erkennen. Die Christen behaupteten, der Gedanke entstamme dem Alten Testament und weise auf die Bedeutung der Vernunft und der Gesinnung als Grundlage des sittlichen Handelns hin.

Vielleicht ist die Inschrift aber auch ein Hinweis darauf, dass alle Erkenntnisse über ein gelungenes Leben hinfällig sind, wenn der Mensch sich nicht selbst (er)kennt. Selbsterkenntnis ist die Voraussetzung, die Basis für das Erlangen von Glück. In diesem Sinne ist sie eine der ältesten Forderungen der Philosophie. Der Selbsterkenntnis voraus gehen die Selbstbeobachtung, die Selbstreflexion und die Selbstkritik.

In der Psychologie existieren verschiedene Modelle zur Charakterisierung von Persönlichkeitstypen. International durchgesetzt hat sich das Modell der *Big Five*, das von fünf Dimensionen der Persönlichkeit ausgeht. Durch Ermittlung des Skalenwerts der einzelnen Faktoren wird das Persönlichkeitsprofil eines Menschen ermittelt.

KÜRZEL	FAKTOR	SCHWACH AUSGEPRÄGT	STARK AUSGEPRÄGT
N	Neurotizismus	selbstsicher, ruhig	emotional, verletzlich
E	Extraversion	zurückhaltend, reserviert	gesellig
O	Offenheit für Erfahrungen	konsistent, vorsichtig	erfinderisch, neugierig
C	Gewissenhaftigkeit	unbekümmert, nachlässig	effektiv, organisiert
A	Verträglichkeit	kompetitiv, misstrauisch	kooperativ, freundlich, mitfühlend

NACHWORT

Glück klingt einfach, ist aber schwer. Es ist tief im Menschen selbst verborgen – ein schwer zu erreichendes Reiseziel, das anzustreben viel Mühe kostet. Der unbequeme Weg dorthin lässt Ratgeber mit schlichten Rezepten zu wahren Verkaufsrennern werden, deren Lektüre der Reise in das eigene Ich vorgezogen wird. Letztendlich funktionieren sie aber nicht anders als Kochbücher: Es kommt immer darauf an, welche Zutaten man vorrätig hat. Deshalb ist das Glück stets auf die Lebens- und Leidensgeschichte des Einzelnen zugeschnitten. Trotzdem ist es erhellend zu erfahren, dass Menschen in fast jeder Lage glücklich sein können und dass das Glück in wesentlich geringerem Maße von äußeren Umständen abhängt, als man gemeinhin annimmt.

In diesem Sinne kann dieses Büchlein Sie vielleicht nicht glücklich machen, es kann aber dazu beitragen, dass Sie auf der Suche nach dem Glück weniger über Ihre eigenen Füße stolpern. Alles Gute dabei und viel Glück!

QUELLENVERZEICHNIS

Das Glück im Körper

https://de.wikipedia.org/wiki/Eudaimonie
http://www.gluecksarchiv.de/inhalt/philosophie_menschenbild_drei.htm
http://www.gluecksarchiv.de/inhalt/philosophie_menschenbild_zwei.htm
https://de.wikipedia.org/wiki/Antisthenes
https://de.wikipedia.org/wiki/Augustinus_von_Hippo
http://www.gluecksarchiv.de/inhalt/philosophie_menschenbild_zwei.htm
http://www.pinselpark.de/philosophie/p/picomiran/texte/wuerde.html
http://www.gluecksarchiv.de/inhalt/philosophie_menschenbild_zwei.htm
http://www.gluecksarchiv.de/inhalt/philosophie_menschenbild_ein.htm
http://www.gluecksarchiv.de/inhalt/philosophie_menschenbild_ein.htm
http://www.gluecksarchiv.de/inhalt/philosophie_menschenbild_zwei.htm
https://de.wikipedia.org/wiki/Kategorischer_Imperativ
http://www.gluecksarchiv.de/inhalt/philosophie_menschenbild_zwei.htm
http://joachimstiller.de/download/philosophie_schopenhauer.pdf
http://www.bdwi.de/forum/archiv/themen/gesund/5670884.html
https://de.wikipedia.org/wiki/Nivarana

Philosophien des Glücks

https://de.wikipedia.org/wiki/Glück#Biologische_Ausl.C3.B6ser_von_Gl.C3.BCcksempfindungen
http://www.zeit.de/2004/39/N-Experimente
http://www.spiegel.de/wissenschaft/mensch/emotionen-ich-fuehle-also-bin-ich-a-561852-3.html

QUELLENVERZEICHNIS

http://www.sueddeutsche.de/leben/zufriedenheit-in-daenemark-forscher-suchen-glueck-in-den-genen-1.2068136

http://www.gluecksforschung.de/happiness-setpoint.htm

http://www.sueddeutsche.de/wissen/neuro-experiment-moenche-in-der-magnetroehre-1.912829

http://mindbrain.ucdavis.edu/labs/Saron/shamatha-project

http://www.spiegel.de/gesundheit/diagnose/ist-lachen-gesund-mythos-oder-medizin-a-1003807.html

Die Psychologie des Glücks

Julia Gorschewski: Einfluss von Persönlichkeitsfaktoren und Situationen auf das subjektive Wohlbefinden, http://dtserv2.compsy.uni-jena.de/__C12574EA0035267A.nsf/0/18267FA81E6F09A1C12575DE006142BF/$FILE/Bericht%5B1%5D.pdf

https://de.wikipedia.org/wiki/Gefühl-als-Information-Theorie

https://de.wikipedia.org/wiki/Flow_(Psychologie)

http://www.zhb-flensburg.de/fileadmin/content/spezial-einrichtungen/zhb/dokumente/dissertationen/korf/dissertation-korf-tim.pdf

https://www.planet-schule.de/sf/downloads/divers/themenwoche_glueck/Religion_AB4_Infotext.pdf

http://www.gluecksarchiv.de/inhalt/positivepsychologie.htm

http://www.reissprofile.eu/lebensmotive

Glück und Gesellschaft

https://de.wikipedia.org/wiki/Easterlin-Paradox

http://www.fairbindung.org/wp-content/uploads/Stimmen-aus-dem-Süden_Bhutan-Die-Glücksformel.pdf

http://www.berliner-zeitung.de/archiv/westler-und-asiaten-buchstabieren-glueck-und-zufriedenheit-unterschiedlich-ausgewogener-konfuzius,10810590,10705866.html

http://worldhappiness.report/wp-content/uploads/sites/2/2015/04/WHR-2015-summary_final-DE.pdf

http://www.zeit.de/2010/13/Wohlstand-Interview-Richard-Wilkinson

http://www.zeit.de/zeit-wissen/2012/04/Midlife-Crisis

http://www.dpdhl.com/de/presse/pressemitteilungen/2014/deutsche_post_dhl_gluecksatlas.html

http://www.nzz.ch/feuilleton/macht-demokratie-gluecklich-1.18042453

http://www.spiegel.de/wissenschaft/mensch/weltweite-umfrage-eltern-sind-nicht-gluecklicher-als-kinderlose-a-943490.html

Glück ist lernbar

Gretchen Rubin: Better Than before. Mastering the Habits of Our Everyday Lives, New York 2015

https://de.wikipedia.org/wiki/Pawlowscher_Hund

http://sheismore.com/how-to-stop-toxic-thinking/

https://www.brainpickings.org/2013/06/07/annie-dillard-the-writing-life-1/

http://www.stefanklein.info/node/62

http://www.mindful.org/rewiring-your-emotions/

https://de.wikipedia.org/wiki/Achtsamkeit

http://www.nzz.ch/projekt-ewiges-glueck-1.2612993

http://www.spiegel.de/wissenschaft/mensch/psychologie-die-aelteren-sind-gluecklicher-a-421220.html

https://de.wikipedia.org/wiki/Selbstwirksamkeitserwartung

https://de.wikipedia.org/wiki/Gnothi_seauton

Wenn Sie **Interesse** an **unseren Büchern** haben,

z. B. als Geschenk für Ihre Kundenbindungsprojekte, fordern Sie unsere attraktiven Sonderkonditionen an.

Weitere Informationen erhalten Sie bei unserem Vertriebsteam unter +49 89 651285-154

oder schreiben Sie uns per E-Mail an:

vertrieb@rivaverlag.de